JN294381

極端化する社会

共有知識構造で読み解く集団の心理

有馬淑子 著

北大路書房

もくじ

● 序　章　原発事故はなぜ起こりえたのか …………………………… 1

　　1　はじめに　1
　　　　原発事故に見られるグループシンク
　　　　民主主義の未来像
　　2　鍵となる概念　3
　　　　集団極化現象
　　　　知識の限界
　　　　客体的視点とは
　　　　共有知識構造とは
　　3　本書の構成　6

● 第1章　集団極化現象をめぐって ……………………………………… 9

　　1　集団極化現象　9
　　　　リスキーシフト現象
　　　　コーシャスシフトの存在
　　　　集団極化現象
　　2　社会的影響過程の基礎理論　13
　　　　規範的影響力
　　　　情報的影響力
　　3　集団極化現象の説明理論　16
　　　　情報的影響仮説
　　　　社会的比較仮説
　　　　どちらが勝ったのか
　　4　少数者の影響過程　21
　　　　少数者研究の問題点
　　　　2過程モデル
　　5　集団極化現象の説明理論 Ver.2　25
　　　　多数決ルールによる説明
　　　　自己カテゴリー化理論

カテゴリー化の効果
6 多数決ルール予測とプロトタイプ度予測の比較　28

まとめ ● 共有知識構造が主観的妥当性を定める　31
主観的妥当性

第2章　集団の情報処理過程 …………………………… 35

1 共有知識の予測　36
2 認知モデルと会話をする　37
認知的チューニング
3 集団の記憶研究　41
協同抑制
分散された記憶
4 集団が情報を「知る」とは　43
共有知識効果
5 課題表象　45
知的課題と判断課題
正解が存在するとはどういうことか
6 極端化過程の仮説　48
集団も偽の記憶を思い出すか
7 血液型性格判断の虚記憶実験　50
集団の虚記憶実験〈実験1〉
集団の虚記憶実験〈実験2〉

まとめ ● 共有された文脈上で増える情報が極端化させる　53
共有知識構造
共有知識構造の測定は可能か
何が共有されているのか

第3章　世論変動と社会の極化現象 …………………………… 59

1 意見分布の認知　60
2 1999年にノストラダムス信念はどう変化したか　61
知識量の効果
ビデオメッセージの効果

　　　　　集団討議の効果
　　　　　知識構造と社会変動
　　3　集団の創造性　　66
　　　　　協同行為
　　4　集団が合意に失敗するとき〈合意確率実験1〉　　68
　　　　　母集団分布の認知が合意確率に及ぼす影響
　　5　コンフリクトによる態度変容　　71
　　　　　従来の研究結果
　　　　　コンフリクトのレベル
　　6　非合意集団に両極化現象は起こるか〈合意確率実験2〉　　74
　　　　　両極化現象は起こらない
　　　　　合意確率
　　7　非合意集団の反極化現象〈合意確率実験3〉　　77
　　　　　合意確率
　　　　　態度変化量
　　　　　集団内分散と集団平均の変動
　　8　望ましいコンフリクトはありうるか　　81
　　　　　潜在的な態度
　　　　　結局は感情で決めているのかも
　　　　　態度の安定性

　　まとめ　共有知識構造が母集団と「ずれた」集団は合意しにくい　　86

第4章　社会的アイデンティティと態度の極端化　　89

　　1　社会的アイデンティティ　　90
　　　　　集団成立の要件
　　　　　自己カテゴリー化理論
　　2　社会的比較理論　　93
　　3　最適顕現性理論　　95
　　　　　少数者でいることも心地よい
　　　　　内集団均質化効果
　　4　内集団均質化認知の極化実験　　97
　　　　　関西人と関東人のステレオタイプ認知
　　　　　意見分布認知は極化するか

　　まとめ　意見分布の認知も極端化する　　101

お笑い感覚の共有認知
共有された暗黙知の確認

● **第5章　共有認知としてのリーダーシップ** ……………………… 105

　　1　リーダーシップ研究の歴史　　106
　　　　リーダーシップとは
　　　　優しさと厳しさを兼ね備えたリーダーは可能か
　　　　リーダーシップは3因子構造
　　　　圧力PとMの背反性
　　　　リーダーシップ尺度から消えた圧力P
　　2　優しさと厳しさを兼ね備えるには　　110
　　3　プロトタイプ度とリーダーシップ認知の関係　　112

　　まとめ ● リーダーシップは，社会からの影響を受ける　　114

● **第6章　集団間関係の中のリーダーシップ** ……………………… 117

　　1　模擬社会ゲーム　　117
　　　　模擬社会ゲームに見られるコンフリクト
　　　　模擬社会ゲームにおけるリーダーシップ
　　2　集団間リーダーシップ　　120
　　　　シェリフの集団間コンフリクト実験
　　　　社会的アイデンティティとコンフリクト
　　3　模擬社会ゲームを用いた事例研究　　123
　　　　集団内コンフリクトと集団間コンフリクトの関係〈観察1〉
　　　　リーダーシップとコンフリクトの関係〈観察2〉
　　　　合意の誤認とリーダーシップの影響〈観察3〉
　　　　個人・組織・地域・社会への関心

　　まとめ ● 相互依存性は集団間コンフリクトを抑制できない　　127

● **第7章　インターネット社会の極化現象** ……………………… 131

　　1　インターネットとは　　131
　　2　インターネット上の集団極化現象　　132

3　自己にかかわる共有知識　　134
　　　　　ツイッターの怖さ
　　　4　非共有情報が対人認知に影響する　　137
　　　5　インターネット上での文脈の共有　　139
　　　　　共有知識の予想は社会的手がかりによって行われる
　　　　　インターネット上では文脈が再構成される
　　　　　感情の共有と伝播
　　　6　ネットワークと極化現象　　142
　　　　　ネットワーク構造としての両極化
　　　　　ネットワークによって分断される共有知識構造
　　　7　集合知　　145
　　　　　多様性の効果はあるのか
　　　　　インターネットにおける集合知技術
　　　　　集合知は正解のある課題にしか使えない
　　　8　知識構造としてのインターネット　　151
　　　　　インターネット検閲
　　　　　知識構造を誰が定めるのか

　　まとめ●集合知は判断しない　　153

● **終章　民主主義の未来** ……………………………………… 155

　　　1　各章で見いだされた結果　　156
　　　2　部分と全体をつなぐもの　　159
　　　3　原発事故はなぜ起きたのか　　160
　　　　　科学的方法に対する信頼感
　　　4　民主主義の未来　　162
　　　　　集合知は民主主義に代われるか
　　　　　理想の決定方法
　　　5　ゲーム理論における共有知識　　167
　　　6　科学をどう伝えるか　　168

　　引用文献　　171
　　索　　引　　183
　　あとがき　　187

序章

原発事故はなぜ起こりえたのか

1 … はじめに

　2011年3月11日の東日本大震災に伴って起きた福島第一原発事故は，世界的にエネルギー政策のあり方を見直すほどの事故となりました。長年の間，厳重に管理されていたはずの原子力発電において，なぜ甘い事故予測が行われてしまったのでしょうか。本書では，このような集合的な意志決定に見られる失敗を，特定の企業風土や，あるいは日本社会の欠陥によるものではなく，社会心理学的なプロセスに求める立場で論じていきます。

　集団が意志決定において，しばしば愚かな決定をしてしまう現象は，社会心理学では古くからの研究テーマとなっています。たとえば，アッシュ（Asch, S. H.）が同調実験で見いだしたような，多数者と同じ意見に同意してしまう社会的影響過程，あるいは，決定ルールがもたらす歪みが示されている集団意志決定研究です。集団の愚かさを示すもっとも有名な研究としては，ジャニス（Janis, 1972）によってはじめられたグループシンク（集団思考）が知られています。

●● 原発事故に見られるグループシンク

　グループシンク研究とは，歴史上の重要な政策決定が失敗に終わった事例から，集団過程に潜む落とし穴を探ろうとする研究です。たとえば，ケネディによるキューバ危機や，エンデバー号の安全性を論じるNASAの委員会などの

事例が検討されています。そこでは，強いリーダーシップと能力の高いメンバーで構成された集団であっても，後からみると非常に愚かな決定をしてしまう過程が示されています。その原因としては，強いリーダーが率いる士気の高い集団では反対意見を出しにくい雰囲気が形成されること，重要な情報が見過ごされる過程などが考察されてきました。

福島第一原発は，専門家たちによって幅広く集められた情報を十分に吟味して行われた事業です。しかし，今になって，なぜ事故後の対処方法をもっと考えておかなかったのか，想定される被害について情報が十分に検討されてこなかったのではないかなど，さまざまな問題点が指摘されています。津波による電源喪失の可能性を過小評価したプロセスなどは，グループシンクそのものといえるかもしれません。

しかし，グループシンクが想定してきたような特定の集団状況による決定の失敗とだけいうわけでもなさそうです。なぜなら，特定の時期の特定の集団による決定の結果ではなく，複数の専門家集団で，国会において，社会において，原発の安全性をめぐる情報が検討されてきた長年にわたる議論の結果だからです。では，特定の集団状況による失敗でなかったのなら，私たちに重要な情報を見過ごさせてきた原因は何だったのでしょうか。民主主義的な決定のプロセスの中のどこに，原発事故を導くことになった欠陥が潜んでいたのでしょうか。

●● 民主主義の未来像

私たちは，集団で決定することによってより賢い結論が導かれることを期待して，議会制民主主義，陪審員制度などの重要な決定場面で集団決定を用いるようになりました。しばしば人々を悲惨な目に遭わせてきた封建制や独裁主義の失敗から学んだ人類の到達地点が，民主主義的決定方法といえるのかもしれません。

ところが，市民により独裁的な政治が覆される一方で，一党独裁体制を持つ国家が経済的に成功するような混沌とした世界の中では，私たちの子孫が持つであろう未来の政治体制の姿も揺らいで見定めることができません。ジャレット・ダイアモンドによって著された『文明崩壊』(Diamond, 2005/楡井訳, 2005) には，文明が集団の意志決定の失敗によっていくたびも崩壊してきた様

子が描かれています。もしかすると，繰り返し文明を崩壊させてきたのは，王や独裁者ではなく，一般的な人間の特質に潜む「何か」だったのかもしれません。

本書は，もとより民主主義を否定するものではなく，私たち自身に潜むその「何か」の欠陥を知ることによって，よりよい民主的な社会を運営する方法を探ろうとするものです。また，近年はインターネットの発達により，集合知と呼ばれる新しい集合的意志決定システムの可能性が示唆されています。これが民主主義に代わりうるものになるかどうかについても，論じていく予定です。

2 ・・・ 鍵となる概念

本書の鍵となる概念，キータームは2つあります。1つは集団極化現象，もう1つは共有知識構造です。最初の集団極化現象は社会心理学では古くから知られた現象です。集団分極化という訳語の方が通りがよいのですが，分極化には集団が2つに分裂するイメージがありますので，本書では集団極化現象という言葉を用いることにします。

●● 集団極化現象

社会心理学では，集団討議によって起こる集団極化現象（Group Plarization）が知られています。これは，次のような実験手続きによるものです。まず，個人的に態度を測定します。話題はなんでもかまいません。たとえば，時の首相を支持するか，原発を支持するか，などなどになります。これを，非常に賛成・賛成・やや賛成・どちらでもない・やや反対・反対・非常に反対といった7件法でいずれかの選択肢を選んで回答していただきます。その後に，4，5名の集団になって，全員一致に達するまで，賛成または反対の程度を決定してもらいます。集団決定が終わってから，再度，個人の賛成反対の態度を問うと，最初はやや反対程度の平均点3.5（a）を持っていた話題の場合は，集団討議を経ることによって，非常に反対の方向，たとえば，2.8（a'）という極端な態度に変化します（図序-1）。逆に，最初はやや賛成4.5（b）からはじまった話題であれば，非常に賛成の方向，たとえば，5.2（b'）という極端な態度に変化します。この現象が，集団極化現象と呼ばれるものです。

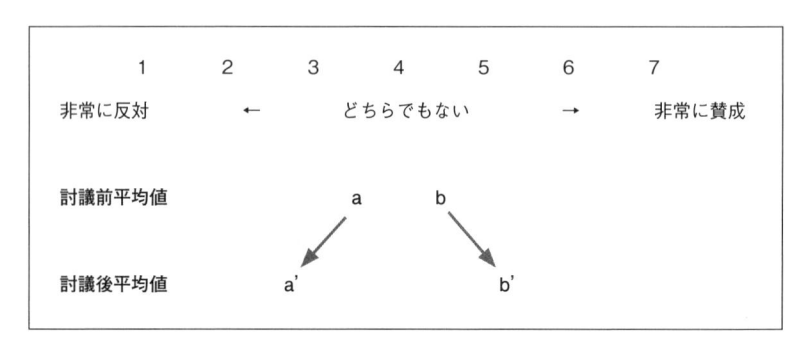

```
   1    2    3    4    5    6    7
非常に反対  ←  どちらでもない  →  非常に賛成

討議前平均値        a    b

討議後平均値        a'        b'
```

図序－1　集団極化現象

　この現象がどのように発見され，どのような説明がつけられてきたかは，社会心理学における実験と理論の相互作用を示すよい例となっていますので，本書の第1章で詳しく論じることにします。現在，この現象の説明については，一般的に集団が採用する多数決ルールが持つ数学的な帰結と考える解釈が主流です。しかし，多数決ルールの帰結として態度が極端化するには，社会における意見分布にもともとゆがみが存在している必要があります。社会における態度の分布は一定ではなく，たとえば日本社会は右傾化から左傾化，左傾化から右傾化へのぶれを繰り返しています。さらに，その変動周期も一定ではありません。このような意見分布のゆがみと変動を説明するために用いる概念が，次の共有知識構造です。

●● 知識の限界

　2番目の鍵概念である共有知識構造は，あまりなじみのない概念です。教育心理学の海外の文献に近い言葉が散見されますが，本書では社会心理学研究の文脈において新たに定義して用いることにします。

　私たちが持ちうる知識には，原理的に2つの限界があります。時間軸上で見渡せる範囲が小さいことと，真の意味で客体的視点は持ちえないことです。この2つの弱点が，さまざまな知識領域で見えないガラスの天井を作っています。

　時間軸上の見通しの悪さは，過去のことであれば，たとえば文字や構築物に残されている歴史しか存在したことにならないような知識の限界として現れま

す。未来のことなら，たとえば，どのような時間の範囲で正否の判断をするかによる食い違いとして現れます。原発を停止させることは，10年後の人類にとっては不正解かもしれませんが，1000年後の人類にとっては正解かもしれません。どのような時間的展望で最適解を求めるのかについての合意を得る必要がありますが，正解を確かめるすべのない未来を語る基準を設けるのは容易ではありません。時間軸上の未来は分岐するのか，決定論的に定まるのかということですら，本当のところはわかっていないのが現在の科学状況ですから，この限界について語るのは本書の範疇を超えるものになります。しかし，もう1つの客体的視点の曖昧さは，共有知識構造にかかわる問題です。

●● 客体的視点とは

　客体的視点とは客観的に物事を眺められる視点ですが，明確なようでいて，実は容易に主体的視点と混同され，あるいは裏返しになったまま使われます。たとえば先ほど紹介した集団の討議場面における合意というものを考えてみましょう。真に客観的な合意はどこに存在しているのでしょうか。討議を行う各メンバーの頭の中でしょうか。メンバー1人ひとりの頭の中にある合意は，少しずつずれがあっても不思議はありませんから，これは客観的ではない主観的な視点と考えられますね。では，客体的視点は紙の上に記載された言葉にあるのでしょうか。

　2011年6月，菅さんと鳩山さんが菅元首相の辞任時期に関する合意をめぐって争い，鳩山さんは証拠として合意文書を示していました。あの文書は真の合意といえるでしょうか。いえ，言葉の解釈をめぐって争いがありましたので，文書に書かれていても必ずしも客観的な合意とはいえないようです。では，数値にしてみたらどうでしょうか。集団の平均値は「やや賛成」を意味する5.2点であった，などと記されていたら客観的にみえます。もっと詳しく，1000年に一度原発事故が起きるリスクとして許容できる確率の平均は，0.012％であった，などのいい方にすることも可能でしょう。

　しかし，やや賛成だとか0.01％のリスクといってみたところで，実際のところどれほどの意味を持つのかは人によって違うかもしれません。原発事故において再臨界の危険性はゼロではないと専門家がいったとき，専門家は危険性が

低いと認識していても，聞き手は危険性が高いと認識するかもしれません。言葉や数値といったコード（記号）が意味をなすのは，それを読み取る人にすでに記号を解読する規則が収まっているからです。解読規則にずれがある状態で合意の程度を知るには，むしろ各個人の頭の中を調べた方が，真の客体的視点に近づけるという矛盾した結論になります。

●● 共有知識構造とは

共有知識構造とは，コードの読み方がどの程度共有されているかを検討するための概念です。社会の中で共有される知識構造とは言語そのものといえるでしょう。しかし，言葉と言葉の関係がどのように結びついているかは，日々揺れ動き変化しています。集団の中では話し合いがはじまると同時に，互いに共有可能な意味を探り合い，その場において一定の共有知識構造が形成されることになります。

このような共有知識構造が，どのように集団の意志決定過程に，そして社会の合意形成過程に影響してくるのかを探るのが本書の内容です。まずは小集団の中で共有される知識構造の話からはじめて，社会の中で共有される知識構造の変動，そしてインターネットにおける共有知識構造について検討を進めます。

3 ・・・ 本書の構成

第1章では，集団過程の社会心理学のトピックスである集団極化現象を紹介して，共有知識構造の観点からこの現象を解釈し直す試みを行います。先に述べたように，集団極化現象は，どのように社会心理学の研究が展開していくかを示すよい事例にもなっています。最初に発見された当時の解釈から順に，どのような枠組みが研究領域の中に発達し，それに応じて解釈がどのように変化してきたのかを概観していきます。このような説明理論も，専門家集団における共有知識構造に影響されて変化しているのです。比較的近年の説明理論である社会的意思決定理論と自己カテゴリー化理論については，私が集めたデータを示しながら妥当性の検討を行います。

第2章では，本書で述べるところの共有知識構造の観点から，集団極化現象

がどのように再解釈されるかを示します。共有知識構造の観点から集団過程を検討するためには，異なる実験手法が必要となりました。それは，集団記憶研究の話になります。

　集団と個人とを比べてどちらのパフォーマンスがよいのかという問題もまた，社会心理学では古くから行われてきた実験テーマです。近年では，集団の記憶研究が活発に行われており，特に，集団の中に分散して記憶する分散認知研究は多領域にわたる重要な研究です。この領域の研究を概観したあと，新しい試みとして，本当はないものをあったかのように思い出す虚記憶現象が集団状況でも再現されるかどうかを検討した結果を示します。これがなぜ共有知識構造を測定する方法になるのかは，第2章の中でお話しします。

　第3章以降は，より広い社会現象において，共有知識構造がどのように影響を与え，社会を極端化させるのかを考察します。人類の歴史においては，熱狂する人々が極端な行動に走るような現象が，たとえば群集心理やバブルの形成と崩壊として観察されてきました。このような社会における態度の極端化は，小集団とは異なる説明が考察されています。しかし，ここでは，共有知識構造という鍵概念を用いることによって，集団と社会における極端化を，同じ土俵でつながる現象としてとらえる試みを行います。たとえば，1999年に世界が滅亡するというノストラダムスの予言を信じるかどうかは，その前後で意見分布が大きく変化しました。このような変動に合わせて集団の話し合いやマスメディア情報の解釈がどのように変化したかをみていきます。ただし，社会における虚記憶を測定するのは難しいため，意見分布の認知と集団極化現象の関係を検討しています。続いて第4章では，意見分布の認知と社会的アイデンティティに関係があることを示します。

　第5章においてリーダーシップもまた共有認知であることを示した後に，第6章では，社会における態度の極端化の最たるもの，すなわち戦争がどのような状態で起こりやすくなるのかを検討します。世界の中のリーダーは，他国のリーダーに対して協力するのか反対するのか，常に判断を迫られています。本書では，模擬社会ゲームという体験型集団ゲームから得られた知見から，どのような意見分布認知のもとで集団間の争いが起こりやすいのか，さらに，協力的なリーダーや競争的なリーダーはどのような社会状況で生まれ，全体社会に

どのような帰結をもたらすことになるのかを考えます。

　第7章では，インターネットにおける態度の極端化を検討します。対面集団が話し合うと，極端な態度が形成されることがあるのは上述したとおりですが，現代では，特にインターネット上で極端な意見が形成さやすいといわれています。一般的にインターネット上の極端化は匿名性によるものと考えられがちですが，実験結果は必ずしもそれを支持するものではありません。そこで，匿名性とは何なのか，インターネット技術により極端化が促進されうるのか，抑制されうるのかについて検討します。最後に，ネット上に集積された情報から生まれる集合知の特性について検討を行い，インターネットが代表者（議会）による討論に代わる意志決定システムになりうるのかについても考えてみます。

　終章では，もう一度原発事故の問題と民主主義の未来の問題に立ち戻り，原発事故がなぜ起きてしまったのかを，各章で見てきた知識から再考します。そして，私たちがよりよい社会を築くためには，どこに落とし穴があり，どのようにそれを制御していけばよいのかについて，本書から示唆されるところをまとめます。

　なお，本書は私の博士論文（有馬，2003）に最近の知見を加えて書き直したものですが，大学の学部生にも読んでもらえることを意識して書きました。集団極化現象を狂言回しとして，集団実験にはじまる実験社会心理学の物語と，集団研究の基本的概念の解説を盛り込みました。一方，各章に挿入した実験データは統計的に有意なものであったとしても，その大部分は「学会認定済み」真実ではありません。こういう真実レベルに差のある話を同じような語り口で述べることは，学問のお作法としてよろしくありませんので，筆者の実験データに基づいて記述された部分はまだ仮説にすぎないことを，最初にお断りしておきます。

第1章 集団極化現象をめぐって

　私たちは，集団で何かを決めなければならないとき，しばしば「話し合いによる決定」という手段を用います。話し合いをすることによって，その集団の平均的な考えに基づいて結論を出すことができるだろう，と考えるからです。ところが，集団討議に関する実験の結果は，このような期待を裏切るものです。実験の教えるところによれば，私たちの「話し合いによる決定」は，次のような結果になります。

　「集団で話し合えば話し合うほど，またそれが熱心で活発なものであればあるほど，話し合いの結論は極端なものになる」。この影響はその集団がもともと持っていた特徴を強調する方向に働きます。たとえばもとの態度の平均値が保守的なものであればより保守的に，革新的なものであればより革新的な方向へと，態度が極端化するのです。これは一見常識に反した実験結果のように思われますが，かつての全共闘のような「討論大好き集団」がどのような変遷をたどりがちであったかなどの事例を考えてみれば，あながち常識や経験に反したことでもありません。ひるがえって，日本の政党が主義主張のわかりにくいヌエのような存在でいられるのは，まともに集団討議を行っていないことの裏返しなのかもしれませんね。

1 ・・・ 集団極化現象

　この，話し合いによって極端になっていく現象は集団極化現象と呼ばれて

います（Moscovici & Zavalloni, 1969）。集団意志決定研究の文脈ではチョイスシフト（選択の変化），あるいは集団による態度変容（group induced attitude change）とも呼ばれることもあります。

　集団極化現象の実験結果の再現性は高く，長年の，多様な文化圏で行われた追試に耐えてきました。ところが，この現象がなぜ起こるのかについては，いまだに決着がついていません。この研究のレビューを行ったラムら（Lamm & Myers, 1978）の言葉を借りれば，「極化現象の現実性は，その説明理論よりも確かなもの」です。これまで幾多の説明理論が提出されてきましたが，いずれも一長一短があり，単一の理論で説明する決め手には欠けています。だからこそ，この現象は長年にわたって社会心理学者の関心を引き続けてきたといえるでしょう。本節の理論的検討では集団極化現象に関する説明理論の変遷をたどり，なぜ社会心理学はこの現象の説明に失敗してきたのか，そしてこの現象を理解するためには何が必要なのかについて検討します。

●● リスキーシフト現象

　当時まだ大学院生であったストーナー（Stoner, 1968）は意志決定の研究中に，個人よりも集団の方が危険な決定をするという思いもよらない現象を見いだしました。普通，とんがった考えを持つ個人がリスクを冒したがっていても，会議になると抑えられるようなイメージがあります。ところが，ストーナーの実験では，討議前に個人で考えていたときよりも，集団で討議した結果の方が，リスクの高い選択肢を選ぶ結果が示されたのです。これがリスキーシフト現象，後に集団極化現象と呼ばれる研究のはじまりです。

　CDQ（選択ジレンマ課題）を用いてリスキーシフト現象に操作的定義を与えたウォラックら（Wallach, Kogan, & Bem, 1962）によれば，実験は以下のような手続きで行われます。まず，実験参加者は，なんらかの選択に迫られた人物に対して与えるアドバイスを決定せよ，と教示されて質問紙に回答します。たとえば，心臓の病気を抱えるA氏に，成功の見込みがどの程度あれば手術を受けるように勧めるか，あるいは，社長のB氏に，成功の見込みがどの程度あれば新興国への投資を勧めるか，といった問題です。このような設問に対して，10％成功する見込みがあれば勧める，から，30％成功の見込み，50％,

70％，90％，どんなに見込みが高くても勧めない，までの選択肢が用意されています。質問項目12問に回答した後，4名から6名程度の討議集団に参加して，各問題について全員一致に達するまで討議します。ウォラックらの実験結果によれば，集団決定は個人決定よりも，平均して10～20％程度，より危険な選択肢が選ばれます。たとえば，討議前のメンバーの選択の平均が，70％の成功率であれば勧める，であったとすると，集団決定になると50～60％の成功率で勧めてよいと決定するようになるのです。

このリスキーシフト現象は議会政治・陪審員制度などにおいて集団決定を重視してきた米国にとって衝撃を与えるものでした。集団決定を信頼できるかどうかは，民主主義の制度設計にかかわる重要な問題です。そこでリスキーシフトが発見されて以来，多くの研究が行われました。当時の説明理論としては，あえて危険を辞さないような人物がリーダーとして選ばれやすいからだと考えるリーダーシップ説，逆にフォロワーがリーダーに大胆さを期待するのだ，という役割期待説などがありました。

●● コーシャスシフトの存在

ところが，研究が進むうちに，討議の話題によっては，より安全を期する方向へ移行するコーシャスシフトが起こる場合もあるとわかってきたため（たとえば，McCauley & Kramer, 1972），上述のリスキーシフトを説明した仮説はご破算となりました。選択ジレンマ課題の各項目を検討すると，リスキーシフトが起こりやすいのは，ゲームで一発逆転をねらう，新興国に大きな投資をする，といった項目です。一方，結婚相手の選択といった項目には一貫してコーシャスシフトが起こりました。世間一般の合意として危険に賭けることに価値があるとみなされるとリスキーシフトが起きるが，慎重であることに価値がある行為であればコーシャスシフトが起きるようです。

リスキーな価値はよりリスキーに，コーシャスな価値はよりコーシャスに。言われてみれば「失敗するかもしれないけど結婚していいかしら」などと相談されたら，「もう少し冷静になって考えたら？」と助言しておいた方が賢明，という社会的合意があるのかもしれません。他にも，コーシャスシフトが見られたのは，馬券買いです。お金をすっからかんにしかねない，という危うさを

感じやすいのかもしれません。しかし、大きな投資話に乗りたがっている社長さんと、どこが違うのでしょうか。1つひとつの項目に、それぞれもっともらしい説明をつけようと思えばつけることはできます。しかしそれは理由の後づけにしかなりません。

　社会科学と床屋談義の違いは、後者は、結果が出た後になってから、ラベル貼りをするところにあります。あの人たち（政党・国・世代などなど）は、ああいう価値観だから、こういうことになるのだ、うんぬんかんぬん……。こんな話は、ストレス解消にはいいかもしれませんが、言葉のうえでラベルをつけているだけで、原因を説明するものではありません。一方で、ラベルをつけられない現象が見過ごされてしまいます。科学は、語り得ない部分を言語化して結果が出る前に予測しようとする営みです。

　米国でリスキーシフトが発見され多くの研究が生み出された理由は、開拓者精神を是とする米国の社会が、危険に賭けることに価値を置く社会であったからかもしれません。選択ジレンマ課題という発想そのものが、価値観のあり方を示していたそうです。ここに社会心理学が陥りやすい落し穴が示されています。研究の初期段階から、コーシャスシフトは結果の中に示されていたのです。にもかかわらず、リスキーシフトだけが注目された理由は、米国の研究者にとってリスクに価値を置くことが自明すぎたからなのでしょう。選択ジレンマ課題やリスキーシフトといった実験パラダイムを転換させるには、別の文化の視点を待たねばなりませんでした。フランスの社会心理学モスコヴィッシによる集団極化現象の発見です。

●● 集団極化現象

　モスコヴィッシ（Moscovici & Zavalloni, 1969）らは、どのような話題であれ態度変化が双方向に起こりうることを実験によって示しました。もう一度、彼の行った実験手続きを確認します。討議の課題となる質問紙は、政治的態度に対する意見項目12項目でした。当時のフランス国内で人気が高かったドゴール大統領や、いつの世もなぜかフランス人には不人気な米国が対象となっています。質問紙に個別に回答した後、4人からなる討議集団に参加し、各項目に関して全員一致に達するまで討議を行います。その後、再び同じ質問紙に個

別に回答を行います。討議前の個人決定と討議後の個人決定の差がシフト量（態度変化量）という結果変数になります。この実験の結果，もともと好意的な態度を持っていたドゴール大統領に対してはより好意的に，非好意的な態度を持っていた米国に対してはより非好意的な態度へと変化することが示されました。すなわち，リスクと関係しない話題であっても，集団討議によって態度変化が起きること，そしてそれは最初の態度をより極端にする方向であることが示されたのです。モスコヴィッシは，このような，広く態度全般に及ぼす集団経験の効果を，集団極化現象（Group Polarization）と名づけました。

集団極化現象は，奇妙な現象です。最初は誰も極端になろうとは思わないのに，ふたを開けると態度は討議前よりも極端化してしまいます。この妙な現象は多くの社会心理学者の興味を引き，さまざまな仮説が立てられました。その説明の前に，社会的影響過程における基本的概念を押さえておきます。社会的影響過程では，おもに同調行動，すなわち，私たちが他の人と同じようにふるまう現象について研究されてきました。

2 ⋯ 社会的影響過程の基礎理論

第二次世界大戦の前後，アインシュタインをはじめとした多くのユダヤ人科学者がヨーロッパから米国に移住し，後の米国の科学における優勢をもたらす礎となりました。実験社会心理学の始祖ともいわれるレヴィン（Lewin, K.）もその1人です。レヴィンとその弟子たちは，ヒットラーに率いられたナチスドイツがなぜあれほどまでに残虐な行為を行いえたのかを，実験的アプローチを用いて検討しました。ヒットラー個人の特性でもなく，ドイツ人の特性でもなく，誰にでも起こりうる問題として解明しようとしたのです。自分も被害者であったにもかかわらず，このような公平な発想ができたレヴィンの優れた知性に導かれて，今日の実験系社会心理学は成立しています。

何か悪いことが起きたとき，私たちはどうしても，誰か特定の人間や集団のせいにしたくなるものです。しかし，そこで説明をやめてはラベル貼りで終わってしまいます。ラベルを貼る側は物事を単純化して認知しやすくなります。ラベルを貼られた側は，そんな単純な認知をするような人々とはわかりあえな

いと感じて批判に対してコミュニケーションを閉じてしまいます。

　いつの世もあれこれ非難される人々（政治家やら経営者やら役人やら）は，おそらく，こんなふうに感じておられるのではないでしょうか。恵まれている面があるとしても，それでは割に合わないくらいの努力をしているし，それも自分のためではなく人のためにやっていることなのになあ……そうそう。私のような教員もそんなふうに感じています。あれ，一緒にしないでくれって？　いやいや，あなたたちとは違うと思いたくなるところも含めてみな同じ。集団の中にいると，往々にして周りの視線からずれていることに気がつきにくいものなのです。私たちが，身内の論理に染まり，他者の観点を理解しなくなっていく過程には，規範的影響力と情報的影響力が働いています。

●● 規範的影響力

　社会的影響力は，規範的影響力と情報的影響力の2種類に分けられます。規範的影響力は，仲間として受け入れられようとすることがもたらす影響力です。私たちは，ある集団に所属して一定期間過ごさなければならない状況になると，その中で居心地よく過ごせる人間関係上の居場所を求めます。社会的排斥（浦，2009）（仲間はずれ）状況は，身体および精神にストレス反応を引き起こすことが知られています（Kipling, Christopher, & Wilma, 2000）。群れることで生存確率を高めてきた社会的動物である人間にとっては，群れから排除されることを恐れる気持ちが，適応的に働いてきたのかもしれません。

　このような，排除を恐れる気持ちがベースとなる社会的影響力が，規範的影響力です。実際に規範的影響に従っているときは，無意識のまま学習済みの行動をしている場合も多いため，常に規範的影響力の存在を意識して同調しているわけではありません。私たちが従っている規範の中には，エスカレーターのどちら側に立つかのように，暗黙のうちに成立しているものも多くあります。よって，規範的影響力の存在は，それに逆らいたいという気持ちがあってはじめて意識されるものになります。

　規範的影響力の存在を示したもっとも有名な実験は，アッシュ（Asch, 1956）による同調実験です。アッシュは，3本の線分の長さの判断を求めるという簡単な知覚判断課題を，7名の実験参加者が一堂に会した場面で答えても

らいました。この7名のうちの6名は，実験者に協力しているサクラで，真の実験参加者は6番目に答える位置に座っていた人だけです。他の人はすべてサクラであることを，真の実験参加者は知りません。長さの判断は間違えようのないような簡単なものでしたが，サクラは事前に示し合わせて特定の課題に対して，全員一致して間違った答えを選択します。このような状況で，真の実験参加者はどのくらい自分の判断を貫けるかを調べることがこの実験の目的でした。その結果，6割を超える実験参加者が，一度は間違った答えに引きずられていました。

　間違っているとわかっていながら多数者に従ってしまうことは，珍しいことではありません。「話が間違った方向に向かっているけど，反対するのもいろいろと面倒くさいなあ。1人で反対しても浮くだけだし，みんながいいならもうそれでいいや」，などと考えたことはないでしょうか？　「間違っている多数者に同調しますか？」と正面から聞かれると「そんな恥ずかしいことするものか」と思うのですが，「反対するのもいろいろと面倒くさい」という気持ちになったことならあるのではないでしょうか。それが規範的影響力です。さまざまな意志決定の場面で1人ひとりの「面倒くさい」の積み重なった結果が，よくも悪くも，私たちが作り出してきた社会状況です。同調行動，そして，それをもたらす「多数者からの圧力」という問題は，古典的な研究テーマではありますが，現代でもその重要性は失われていません。

●● 情報的影響力

　もう1つの社会的影響力は，規範的影響力とは異なり，正解がどれかわからない状況で，他の人の答えを参考にしようとするものです。たとえば，オークションのような市場価格は他者がどう値づけするかによって定まります。合意によって正解が定まる課題，あるいは曖昧で正解のない課題については，私たちは他者の意見を参照せざるをえません。このような状況で他者から受ける影響が情報的影響力です。

　この影響力の存在は，シェリフ（Sherif, 1936）による同調実験によって示されています。シェリフは，暗闇の中で光点を見つめていると，眼球運動により自然に光点が動いて見える現象を利用しました。実験参加者は光点が実際に

は動いていないことは知らないまま，光点が何センチ動いたかを，他の実験参加者が一緒にいる部屋で答えます。すると，最初は5センチや30センチなど，人によっててんでばらばらに答えていたものが，同じ課題を繰り返すうちに，グループの平均付近に解答が収束する同調が見られます。このような正しい判断の物理的根拠がない状況で起きる同調が，情報的影響力によるものです。シェリフの実験では，グループで答えた後に1人で答えてもらっても，グループで形成された平均値を基準とした解答を続けました。このように集団を離れても続く同調を私的受容と呼び，情報的影響力の特徴とされています。一方，他者の前だけで起きる同調は公的追従と呼ばれ，規範的影響力の特徴とされます。

ここで，情報的影響力は正解のない課題を用いた手続きによって操作的に定義されるのに対して，規範的影響力は，正解のある課題を用いて，明らかに間違った多数者に同調させる手続きを用いなければ，操作的に定義できないことに留意しておいてください。これは，後に規範的影響力と情報的影響力の分類が批判されるポイントとなります。

2つの社会的影響力という観点から，再び集団極化現象を検討してみると，そこには奇妙な矛盾点が浮かび上がります。集団極化現象は全員一致に達した討議に見られる現象であり，討議メンバー間の意見の差異は討議前よりも小さくなります。よって，この現象は同調現象の1つです。ところが最初に意見の差があまりなかった集団よりも，意見がばらついていた集団ほど極端化が大きくなる傾向にあります。すなわち集団極化現象は，多数者からの同調圧力がないときに起こるのです。同調にあらずして同調である現象とは，いったいどういうものなのでしょうか。

3 ・・・集団極化現象の説明理論

集団極化現象は，数多くの実験により，再現性の高い現象であることが確かめられています。ここで，ラムら（1978）のレビューから集団極化現象の実験結果に共通して見られる特徴をまとめておきます。

①討議後の回答の平均値は，討議前平均値と中点（どちらでもない）の間のずれを拡大する方向に移動する。ただし天井効果があり，はじめから一定

以上極端であればそれ以上は動かない。
②集団極化現象の方向は討議集団ではなく母集団によって定められる。
③回答値の分散は収束する。すなわち，基本的には同調現象である。意見がまとまらなかった場合は，全体として集団の極化は弱まる（Stephenson & Brotherton, 1975）。

ラムらは，②で重要なことを指摘しています。それは，集団極化現象は全体として起こるものであることです。たとえば，政治的にハト派が優勢な時代に，タカ派とハト派に集団を分けて討議をさせると，ハト派集団には極化が見いだされるが，タカ派集団には討議集団のもとの態度から逆転する反極化が見られます（Myers & Bach, 1974）。フェミニズム運動が盛んな時代であれば，フェミニスト集団には極化が，反フェミニスト集団には反極化が見られています（Myers, 1975）。

これらの結果は，討議集団ごとに得られた平均値によって極端化の方向が定まるのではなく，その時代や社会に共有された価値観の影響を受けることを示しています。時代効果や社会的価値というと，説明が曖昧になってしまいますので，本書ではこれを初期平均値傾向と呼びます。母集団の平均値が，「どちらでもない」よりも「賛成」側にあった場合は賛成が，「反対」側なら，反対が初期平均値傾向となります。母集団とは，統計上の概念で，研究の目的によって異なります。日本の女性の意見を聞きたいときは，日本人ではなくて日本の女性が母集団になります。母集団の平均値は実際にはわかりませんので，標本から推測します。そこで，初期平均値傾向の操作的定義は，実験データ全体の平均値となります。なお，母集団や標本という呼び方がふさわしくない場合は，本書では上位集団・下位集団と呼ぶことにします。上位集団とは包括的な集団，下位集団とは上位集団の中にある小さな集団と考えてください。

リスキーシフトから集団極化現象へと実験パラダイムが移されたことにより，討議の話題を限定する必要がなくなって研究が広がったものの，説明の困難さは倍加しました。討議集団の中だけで話し合っているにもかかわらず，実験データ全体の平均値が影響します。その初期平均値傾向は，実験の前から予測できるわけではありません。コーシャスシフトが後から発見されたように，実験後にはじめて，この項目の平均は賛成（あるいは反対）だったのか，とわかる

ことの方が多いのです。ところが，実験の結果を見ると，あたかもどちらに全体の平均値があるのか，実験参加者たちは知っていたかのような現象が現れます。

まるで全知の神が思わぬところから出現したような奇妙さがあります。局所的な相互作用が全体の構造を作り出す複雑系現象のように見えますが，集団極化現象の実験では相互作用できるメンバーが限定されていますので，各討議集団が全体とかかわるためには，アリがフェロモンを落とす土のような情報の媒体が必要です。本書では，それを母集団の共有知識構造ではないかと考えていますが，その物理的実在を定義するところが難しい作業です。

全知の神の話は終章まで後まわしにして，初期の説明理論から跡をたどっていきましょう。極化は母集団の方向に従うのであって討議集団の方向ではない，というラムらの指摘は，あまり顧みられないまま，1970年代の集団極化研究は主要な2つの説明理論の論争，という形で推移しました。情報的影響仮説と社会的比較仮説と呼ばれる，研究当初から現在に至るまでいまだに決着を得ていない対立仮説です。

●● 情報的影響仮説

集団極化現象に対する情報的影響仮説（Burnstein & Vinokur, 1977）とは，次のようなものです。話し合いの結論が極端になってしまう理由は，極端になる方向（初期平均値傾向）を支持する情報がたくさん討議中に出てくるからなのです。ただし，なぜ，「そちら」の方だけたくさん情報が出てくるのかが問題です。それは，平均値が傾いていた方向には，そもそもそちらを支持する情報が，逆方向の情報よりもたくさん社会に溜まっていたからだと説明されます。トートロジーのような説明です。

わかりにくいので例を考えてみます。日本で原発賛成・反対を議論しようとする人々の頭の中には，賛成側の情報として，発電コストの安さやCO_2発生量の低さがあるとします。反対側の論拠としては，放射性廃棄物処理の困難さや，災害リスクなどがあるとします。1人ひとりはすべての情報を知らなくても，何人か集まると，自分は知らなかったことを知っている人から情報をもらうことになって，徐々に社会全体に蓄積されていた情報量に近づいていきます。

ここでいう社会とは，母集団（日本人全員）の頭の中にある知識です。賛成・反対が拮抗しているようなときは，初期平均値傾向ははっきりしませんし，討議によって極端化もしません。

しかし，知識は固定されたものではなくて変化します。原発事故が起こる前は明確な意見がなくても，いったん原発事故が起こると，事故が起きた後の被害の大きさや，電源喪失後の制御の困難さなど，反対側の情報がたくさん思い出しやすい形でみんなの頭の中に溜まってきます。この状態で議論をすると，賛成側の意見を持っていた人でも，多くの反対側情報が増えた分，態度が変化します。よって集団は社会にプールされた情報量の多い方向に態度を変化させることになります。

情報的影響仮説の利点は，集団極化現象をサイズ効果によって増加する情報量の問題と単純化できるところにあります。そこで，この仮説を検証しようとする実験では，話し合いをしなくても，情報を得るだけで態度の極化が現れるかどうかを検討します。そして，事実，実験結果はそれを実証するものでした。情報的影響仮説は，個人の認知過程から態度の極端化を説明するよい理論です。

しかし，あまりすっきりしていない部分もあります。自分が話し合いに参加している場面を思い浮かべてください。似たような意見の人が多いグループの中では，互いに「そうそう」「だよねえ」とお互いに認め合う雰囲気があるため，逆の立場の情報は言い出しにくくなります。情報的影響仮説では，このような規範的影響力の問題については，社会に蓄積された情報が多い側の説得力が高いからと説明するのですが，説得力というのも曖昧な概念です。規範的影響過程がどのように働くのかについては，次の社会的比較仮説の方がわかりやすい説明をしています。

●● **社会的比較仮説**

社会的比較仮説では，他者と比較して自己評価を得ようとする社会的比較動因（Festinger, 1954）が集団極化現象にかかわると仮定されます。討議前に，個人で回答するとき，予測される平均値よりも望ましい方向に回答しようとします。今は原発反対と言っておく方がよさそうだぞ，と思えば，自分の意見はどちらでもない程度だったとしても，「やや反対」くらいに回答しておきます。

そうして，人より望ましい回答をしたと思っているのに，みんなが同じような回答をすると，集団での自分の平凡さ加減が判明します。そこで，これではならじと，さらに望ましい方向に意見を変えるのが極端化のプロセスの説明です。これなら，「そうだそうだ！」と熱くなっていく集団過程も説明できそうですが，あまりすっきりした説明ではありません。そもそも，どちらの方向が望ましいかを討議する前から共有していることを前提にすると，最初になぜそれが共有されたのかを説明することができません。しかし，この仮説を検証する実験方法が，情報的影響仮説と真逆なのにもかかわらず，同じ結果が出るのがおもしろいところです。

社会的比較仮説によれば，議論の中身は関係せず，もっぱら自己と他者の意見の差が極端化の引き金になるとされます。そこで，この仮説を検討する実験では，話し合いをしなくても，他者の回答値を知るだけで態度の極化が起こるかどうかが検討されました。先に述べた情報的影響仮説は，話し合いをしなくても情報を得ただけで極化が起こるかどうかを調べていたのですが，社会的比較理論では，逆に他者の回答値だけで極端化するかどうかを調べるのです。議論の内容を知らなくても極端化するのであれば，情報的影響はなくてもよいという強力な証拠になります。そして，事実，実験結果はそれを実証するものでした。

●● どちらが勝ったのか

どちらが勝ったのかといえば，どちらの仮説も支持する多くの証拠が積み重なり，そして，そのまま終わりました。勝負がつかなかったというより，飽きられた，というのが本当のところでしょう。研究というものは，流行に乗る必要もあるのですが，同じような研究ばかり続くと，論文審査者から，「もういいよ」と言われてしまうのです。それでも，どちらかといえば，情報的影響仮説が有利とされています。アイゼンバーグ（Isenberg, 1986）がこの文脈で行われた実験結果を集めて説明力の比較を行ったメタ分析によれば，情報的影響仮説の当てはまりの方がよいとされています。また，意志決定理論（Stasson & Davis, 1989）の実験でも，議論の数と位置の数を統制した結果，前者の影響力の方が強い結果を見いだしています。

しかし，情報がなくても極化が起きていた多くの実験結果も否定できませんので，情報的影響と社会的比較のどちらの過程も働いている，というのがおおむねの結論です。それならばなぜ，この2つの理論を統合する理論が生まれなかったのでしょうか。1つの考え方として，この2つの理論が相異なるレベルを扱っていたことが理由であったかもしれません。社会的比較理論は，他者の選択行動という客観的現実が，個人にとっての望ましい方向という主観的認知に及ぼす影響を問題にしています。これに対して情報的影響仮説は，情報の統合という個人の主観的認知が，選択行動という客観的現実に及ぼす影響を問題にします。客体的視点と主体的視点は，メビウスの輪の表裏のごとく，どこまでも同じ面にはたどり着けないものかもしれません。

　モスコヴィッシ自身は，集団極化現象を革新現象の枠組みから考えていたため，同時に研究していた少数者の影響過程を重視していました。少数者の影響過程についても簡単に触れておきます。

4 ･･･ 少数者の影響過程

　少数者に影響力などあるのでしょうか。たとえば，今いる集団の考え方にはどうも賛成できない部分があるけれど，辞めて出て行ける状況でもない，という場面を考えてみましょう。「ならば，1人でもNOと言い続けよう，そのうちに誰か同じ考えの人も出てくるだろう」と心に決めたとします。今でいうなら，電力会社に勤めながら原発にNOと言うような状況でしょうか。これは周りから放っておいてもらえたとしても相当ストレスフルな事態です。ましてや仲間から「お前，何言ってるんだ」と圧力をかけられ，無視され，排除される事態にでもなれば，つらい思いをすることになります。それでも，がんばってNOと言い続けたとしましょう。彼もしくは彼女は，多数者に何らかの影響を及ぼせるでしょうか。

　よいニュースと悪いニュースがあります。悪いニュース。多数者にとってみれば，少数者に同調することは自分も仲間はずれにされる危険性を伴うため，彼もしくは彼女がみんなの前で味方をしてもらえる可能性は小さい。よいニュース。それでもなんらかの影響は及ぼせるかもしれない。

モスコヴィッシら（Moscovici, Lage, & Naffrechoux, 1969; Moscovici, 1976）は少数者から多数者に及ぼす影響力を，アッシュ（1956）の実験と同じように，正解のある簡単な知覚判断課題を用いて確かめようとしました。実験参加者に課されたのは，色の薄さだけ異なる青色のスライドを見て，何色に見えるか答える課題です。もちろん，正解は青です。しかし，6名のうちの2名（実験参加者を演ずるサクラ）が，特定の青いスライドに対して緑色と答えます。先にサクラが解答を行い，真の実験参加者である残りの4名はあとに続いて判断を求められました。すると，実験参加者の32％が少なくとも1回はサクラにつられて緑と答えていました。多数者の影響力に比べれば半分程度ですが，それでもかなりの確率です。さらに興味深いことに，青緑のスライドを青か緑かで判断してもらうと，サクラが緑と言い続ける条件を経験した実験参加者は，サクラの前では同調していなくても，1人になると青の勝った青緑でも緑と判断しやすくなっていたことが報告されています。

　このような影響力は幅広く見いだすことができます。たとえば，スリーパー効果という古い実験があります（Kelman & Hovland, 1953）。米ソ冷戦時代に行われた実験で，「自国」のノーベル賞を授賞した科学者が書いたとされる文章と，「敵国」のプロパガンダ新聞が書いたとされる文章（実は同じ内容）を読んでもらってから，態度を測定します。読んだ直後であれば，当然，プロパガンダ新聞の主張には与しません。ところが，1か月後にもう一度態度を測定すると，自国の科学者であれ，敵国のプロパガンダ新聞であれ，同程度のわずかな影響が残るという実験です。「そういえばそんな話，どこかで読んだなあ，でもどこで読んだんだっけ？」というような経験はありませんか。これは，情報源と情報内容が分離して記憶に収まっているためと考えられます。どうせ嘘だろうと思いながら怪しげな情報を読んでいたとしても，いったん自分の知識構造の中に組み込まれてしまうと，次になじみのある情報を見たときには，すばやく取り込みやすくなっています。さらに，繰り返し見たり聞いたりしたものほど好感を持ちやすい認知的流暢性と呼ばれる効果があります。こういった効果は，基本的には多数者にとって有利に働きます。多数者が発信する情報の方が確率的に目に触れやすいからです。しかし，少数者からの情報であっても根気よく発言し続ければ影響を及ぼせることになります。

近年の社会的認知研究によれば，私たちは，自分の意見や行動の理由を普段から明確に意識しているわけではありません。無意識のうちに受けた刺激の影響で行動したことでも，後から合理的な理由をつけて自己に一貫性を持たせようとする傾向があります。多数者が知らないうちに少数者の影響を受けて意見を変えたとしても，本人は自分で思いついたのだと考えそうですから，少数者が報われることは少ないかもしれません。それでも，世の中を変えたいと願う少数者が声を上げ続けるのは，後に続く世代のためになると信じているからこそでしょう。そのような少数者が報われるかどうかは，私たち1人ひとりの知性に依存しています。怪しげな話なのか正しい話なのかと考えるとき，多数者の判断を頼りにしないで，自分で考えられる人間でありたいものです。

●● 少数者研究の問題点

　モスコヴィッシらは，柔軟で態度の一貫した少数者であれば，多数者の圧力を乗り越えて少数者が革新的な影響を及ぼしうることを示しました（Moscovici et al., 1969; Moscovici, Mugny, & Van Avermaet, 1985; Moscovici, Mucchi-Faina, & Maass, 1994）。彼が提起した観点は，ヨーロッパ社会心理学の豊かな底流となって今も続いています。しかし，少数者影響過程の研究そのものは研究領域としては縮小しつつあります。少数者研究の枠組みには，2つの問題点が考えられます。

　最初の問題点は，少数者をどのレベルのカテゴリーに位置づけるかによって，問題の枠組みが変わってしまうことです。下位集団の中の多数者と少数者の比率が，上位集団におけるそれとは逆転している場合，下位集団の中でのみ成立する多数者のことを，ローカル・マジョリティと呼びます。わが国では国会における多数意見が一般人の多数者と異なることを揶揄して「永田町の常識」などといわれますが，これがローカル・マジョリティの例になります。

　ドワイスら（Doise & Mapstone, 1986）は，アッシュの同調実験とは多数者の影響過程ではなく，実は，少数者の影響を実証したものではないかと問いかけています。まともな世界から見れば，アッシュの用いたサクラの方が少数者です。ということになると，アッシュの実験は，どれほど間違ったことを言っても，ローカルマジョリティが勝つことを実証したものだといえます。永田町

の常識を崩すのは至難の業ということになりましょうか。一方で，ローカルマジョリティはそんなに強くない，とする考え方もあります。やっぱり国民のみなさんの声も気になる永田町？　さて，どちらが本当でしょうか。これは，上位集団が下位集団に，どの程度の影響を及ぼせるのかという問題になります。

●● 2過程モデル

　少数者研究のもう1つの問題点は，集団過程における2過程モデルの限界です。2過程モデルとは，多数者と少数者のメッセージには質的に異なる認知的処理が行われると考えるモデルです。

　心理学には，さまざまな研究領域に2過程モデルがあります。もっとも大きな枠組みは，意識的処理と自動処理（無意識的処理）の2つの過程です。他にも，説得的コミュニケーションにおける，メッセージの中心的処理と周辺的処理の区別がよく知られています（Cacioppo, Petty, Kao, & Rodriguez, 1986）。他のことに気を取られているような認知的に忙しい状況では，私たちは短絡的な思考をしがちになります。たとえば，ゆっくり考えればオレオレ詐欺にひっかからないような人でも，緊急事態だと思って焦っていると，言われるままにお金を振り込んでしまうかもしれません。これが周辺的処理です。しかし，ゆっくり集中して考えられる状況であればメッセージ内容を熟慮する中心的処理を行うことができるようになります。

　少数者研究における2過程モデルも，これらの2過程モデルに近い考え方をしています。ネメス（Nemeth, 1985）は，多数者からのメッセージは正しい確率が高いので，よく考えないまま受け入れられてしまうのに対して，少数者からのメッセージはよく考えようとするのだと主張しました。しかし，メッセージによって異なる処理過程があったとしても，それがそのまま少数者か多数者かという問題に当てはまるとは限りません。たとえば，シュルツら（Schulz-Hardt, Brodbeck, Mojzisch, Kerschreiter, & Frey, 2006）は，少数者が存在するかどうかと，意見にばらつきがあるかどうかは，いずれも同じように集団決定の質に影響することを示しています。さらに，マッキー（Mackie, 1987）は，異なる処理が行われるのは自分と異なる意見に対してであって，それが少数者のメッセージだからではないことを示しています。むしろ多数者の意見が自分

と異なっている場合の方が，より綿密に考えようとするのです。

　少数者研究の問題点は，量的要因と質的要因を分離できなかったところにあります。集団内の人数の比率や，意見の分散は，連続変量として扱うべき要因です。一方，相手を多数者や少数者とラベルづけすることは質的な効果であって，これは必ずしも人数の効果と等価ではありません。少数者とされた人の方が，本当は人数的に上回っていることもあります。今日では，質的な要因は，社会的アイデンティティのカテゴリー化の問題として扱われています。そして，量的な問題は，社会的決定スキーマ理論により精緻な検討が行われるようになりました。

5 ・・・ 集団極化現象の説明理論 Ver.2

　情報的影響仮説と社会的比較仮説の検討が一段落した後，集団極化現象研究への関心は低下し，米国では集団意志決定研究が隆盛の時期を迎えます。この後，集団極化現象に関する説明理論はヨーロッパと米国で独自の道をたどることになります。ヨーロッパでは自己カテゴリー化理論，米国では社会的決定スキーマ理論です。集団意志決定研究には，上位集団の影響とは関係なく集団内の多数者・少数者の比率によって討議結果が予測できるという立場と，下位集団は上位集団の影響を受けるという立場があります。社会的決定スキーマ理論は前者の立場に立って大きな成果を上げてきた研究領域です。

●● 多数決ルールによる説明

　社会的決定スキーマ理論（Davis, 1973）によれば，集団極化現象は討議集団が多数決ルールを採択した結果起こる現象とされています。デイビスらは，集団決定を予測するさまざまな決定ルールを比較検討した結果，集団が用いる可能性がもっとも高い決定ルールは多数決－等確率モデルであることを見いだしました。等確率とは，同票になった場合はどちらに転ぶかは5分5分という意味です。

　多数決ルールのもとでは，たとえば，賛成と反対が6票対4票であっても賛成となるため，実質的には10票対0票とみなされることになります。すなわち，

連続変量を2値に変換する手続きが極端化をもたらすのです。これを社会として見ると，わずかでも賛成の方向に傾いている母集団から選ばれた小集団が多数決ルールを使う可能性が高いと，高い確率で賛成票が集積していくことになります。2大政党の得票数の差が小さくても，議員数で大差がつくのはこのためです。この多数決ルールによる説明は，集団極化現象が個々の討議集団ではなく集合現象として現れるものであることを見事に説明しています（Davis, Kameda, & Stasson, 1992; Kerr, Davis, Meek, & Rissman, 1975; Laughlin & Earley, 1982; Zuber, Crott, & Werner, 1992）。

なお，全員一致が強制されるルールのもとでは，歪度（左右対称でない程度）が影響することが示されていますが（Ohtsubo, Miller, Hayashi, & Masuchi, 2004），マイヤーズら（Myers, Wojcicki, & Aardema, 1977）は，討議前の意見分布の平均値と歪度が態度変化量に及ぼす影響力を比較して，態度変化量を定めるのは分布のゆがみではなく初期平均値であると報告しています。本書の研究はマイヤーズらの研究を出発点にしたため，各討議集団の平均と分散を指標としています。

数理モデルを使用する研究者にとって，集団極化現象は実に明快なものです。情報も自己過程は必要ではありません。他にも，ラタネら（Latané, Nowak, & Liu, 1994）が，分居モデルに類似したシミュレーションを用いて，集団極化現象を集合現象として説明できることを示しています。こういった研究から，不思議に見えた集団極化現象も，単純なルールがもたらす数学的な帰結にすぎないという結論に落ち着き，この現象に対する興味にもとどめが刺されたかに思われました。

●● **自己カテゴリー化理論**

ところが，その同時期に，この問題に関する新しい関心がヨーロッパの研究者を中心として呼び覚まされていました。その中心となったのがターナーら（Turner, Hogg, Oakes, Reicher, & Wetherell, 1987）による自己カテゴリー化理論です。ターナーのみるところ，もっとも問題にしなければならないのは，規範的影響力と情報的影響力を二律背反なものとした社会的影響過程の実験パラダイムでした。この2つの影響力を統合するために考え出されたものが，準

拠情報的影響力（referent informational influence）です。これは，プロトタイプ，すなわち，集団のカテゴリーを明確にするもっとも高いプロトタイプ度を持つ人が示す影響力です。以下の説明はややこしいのですが，次の実験を理解するために必要なのでがまんして読んでください。第4章でもう一度わかりやすく解説します。

　プロトタイプ度は，集団メンバー全員に与えられる数値で，カテゴリーを代表する程度を示す指標です。自己カテゴリー化理論よれば，私たちは自分の社会的アイデンティティを明確なものにするために，内集団（自分が所属する集団）の類似性を高めると同時に，外集団（内集団とは違う集団すべて）との差異性を強調しようとする認知傾向を持っています。そのために，「集団間の意見の差／集団内の意見の差」の比率を最大にしてくれるような意見，すなわち，集団の特徴をもっともよく明確にしてくれる意見に同調することになります。この比率はメタ・コントラスト比率（MCR）と呼ばれています。

　集団極化現象の手続きにおける内集団とは，討議集団のメンバーが選択した意見です。では，外集団の意見とは何でしょうか。これは少しトリッキーなのですが，内集団メンバーが選択しなかった意見ということにされています。極化現象の実験における態度は，多くの場合，「非常に賛成」から「非常に反対」の7段階尺度からなりますので，たとえば討議集団のメンバーが4・5・6・6と選択していた場合は，1・2・3・7が外集団となります。たとえば，aさんのプロトタイプ度は下記の式によって算出されます。

　　成員aのMCR=
　　（aの回答値−誰も選択しなかった選択肢の値）の平均／（aの回答値−他のメンバーが回答した値）の平均

　MCRがもっとも高い内集団メンバーの回答値は，その集団らしさ，典型例を示す位置という意味で，プロトタイプ位置と呼ばれます。プロトタイプ位置は，母集団の分布がゆがんでいると，平均値よりも極端な位置に落ち着きます。そこに同調が起こるために，集団極化現象が起こることになります。実際に実験で得たシフト量とプロトタイプ位置の関係を検討した研究はこの仮

説を支持していますが，必ずしも再現性は高くないとの評価もあります（van Knippenberg & Wilke, 1992; McGarty, Turner, Hogg, David, & Wetherell 1992; Oakes, Haslam, & Turner, 1998; Turner, Wetherell, & Hogg, 1989）。

●● カテゴリー化の効果

　自己カテゴリー化理論には，カテゴリー化の効果によって極化の方向が変化することを示す実験もあり，こちらは再現性の高い手続きとして知られています（Hogg, Turner, & Davidson, 1990; Abrams, Wetherell, Cochrane, Hogg, & Turner, 1990; Mackie & Cooper, 1984; Mackie, 1986; Oakes, Turner, & Haslam, 1991）。たとえばターナーら（Turner et al., 1989）は，個人に対してリスキーまたはコーシャスと命名しても極化の方向に影響しないが，討議集団に対して同じように命名すると名づけられた方向に極化が起こることを示しています。また，エイブラムス（Abrams et al., 1990）は，比較される相手の集団にリスキーやコーシャスと命名すると，相手とは逆方向に極化する結果を見いだしています。

　これらの証拠から，集団極化現象は社会的アイデンティティに絡む現象であることがわかります。右翼や，かつての左翼運動のように，グループとしてのアイデンティティが強く意識されるほど極端になりやすいことは直感的に納得のいく話です。しかし，実はこれも社会的価値説に似た弱点があり，なぜそのようなアイデンティティが共有されることになったのかの説明にはなりません。そこを説明しようとしたのが，プロトタイプ度を用いる仮説なのですが，カテゴリー化の効果を示す実験に比べてプロトタイプ度を用いた研究はあまり多くありません。そこで，プロトタイプ度と多数決ルールのどちらの予測がよいか比較してみることにしました。

▶6 ・・・ 多数決ルール予測とプロトタイプ度予測の比較

　社会的決定スキーマ理論も社会的カテゴリー化理論も討議前の意見の配置から数学的に収束点を予測するモデルを立てています。そこで，この両理論によるモデルのどちらの当てはまりの方がよいかを，実際に討議していただいたデ

ータを用いて，比較をしてみました。集団極化現象の手続きでは討議前と討議後の変化量を見るのですが，社会的決定スキーマ実験では，討議前と集団決定の差をみるので，ここでは社会的決定スキーマ実験の手続きに従います。実験には160名の女子短大生に参加してもらいました。討議のテーマとなる質問項目は，5項目は女性が働くことに肯定的な仕事志向項目，5項目は否定的な態度を示す家庭志向項目として構成されています。仕事志向は，たとえば，女性も精神的・経済的に自立する方が望ましい，といった項目内容であり，家庭志向は，たとえば，家族を養わなければならない男性は女性より地位や収入を得た方がよい，といった項目内容です。これらの項目について，個人決定をしてもらった後，世間一般の平均値の予測もしてもらいました。

討議前初期平均値は，家庭志向項目も仕事志向項目も賛成の方向でした。集団決定の結果，家庭志向の方向に強まる集団極化現象が見られたのに対して，仕事志向は賛成から反対の方向に逆転しました。その結果を図1－1に示します。討議前平均値は，どの項目に対しても，4点以上の賛成の方向にあったので，プロトタイプ位置も賛成方向により極端化されたポイントにあります。図には示されていませんが，多数決ルールでも同じです。しかし，世間一般の考え方の予測は，仕事志向は4点未満の反対，家庭志向はプロトタイプよりもさらに強い賛成の方向にありました。結果として，集団決定は討議集団のプロトタイ

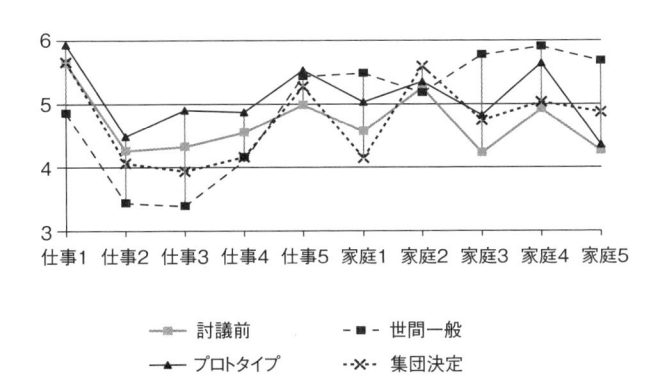

図1－1　各討議項目の討議前平均値，世間一般の予測，プロトタイプ予測，集団決定の結果

プの方向ではなく世間一般の考え方にひっぱられているのがわかります。

モデルの予測とは逆方向に態度が変化した結果，多数決ルール予測も，プロトタイプ予測も，仕事志向項目については予測がはずれる結果となりました。表1－1に，予測値から実測値を引いた誤差の大きさと，多数決ルールとプロトタイプ度の間で比較した結果を示します。誤差が小さいほど予測がよかったことになります。どちらかといえば，プロトタイプ予測の方がよい予測をしていますが，大きな差はありません。なお，表中の全員一致という列の結果は，全員一致を強要された条件の結果です。合意または非合意という列の結果は，全員一致を強要されなかった条件における，合意できた集団の結果と合意できなかった集団の結果です。通常，集団極化現象や集団意志決定の実験手続きでは，全員一致を強要します。しかし，国会などを眺めますと，合意に達しないからこそいろいろ困るのが現実の社会です。全員一致を強要される方が，どちらかといえば例外的な状況といえるでしょう。全員一致を強要しない条件下の集団極化現象については第3章で報告します。

さて，全員一致を強要する条件下でも，多数決ルールもプロトタイプ度も，予測に失敗しました。なぜ予測ができなかったのでしょうか。おそらく，実験参加者は討議前の段階では，1項目ずつ妥当性の判断をしていたようです

▰ 表1－1　多数決ルール（MJ）とプロトタイプ位置（Proto）による集団決定予測の誤差比較

	全員一致			合意集団			非合意集団		
	n	MJ	Proto	n	MJ	Proto	n	MJ	Proto
Q1	18	.44	.40	17	.32 <	.49 ***	5	.86	86
Q3	18	1.02	.88	16	.75	.75	6	.60	.68
Q5	18	.80 <	1.04 ***	14	.81 >	.63 ***	8	1.10	1.03
Q7	18	.67	.73	20	.76	.74	2	.89	.89
Q9	18	.75 >	.60 ***	17	.82 >	.68 *	5	.77	.86
Q2	18	.85 <	1.00 **	14	.59	.55	8	.97	1.06
Q4	18	.44	.49	14	.86	.76	8	1.38	1.37
Q6	18	.88	1.11	18	1.14 >	.85 *	4	1.53	1.53
Q8	18	.77	.74	16	.84 >	.61 **	6	1.23	1.23
Q10	18	1.04	1.16	19	.92	.81	3	1.0	.97

*$p<.05$　**$p<.03$　***$p<.01$

が，討議中に 10 項目の相互の関連性を意識したのではないかと推測していま
す。個人としての態度は，特に明確に考える動機がない限り，一貫性がないま
ま保つことも可能ですが，他者に態度を表明する段階で一貫性が求められます。
その結果，仕事志向の項目群については，家庭志向の方向にひっぱられたので
しょう。しかし，それが仕事志向ではなくてなぜ家庭志向の方向だったのかが
問題となります。

　態度変容の方向を一番正確に予測できたのは，彼女たち自身が討議前に見積
もっていた世間一般の考え方でした。世間は彼女たちの考えよりも保守的だろ
うと推測されており，集団討議によって世間一般の考え方に近づいています。
その推測が正解かどうかはともかくとして，彼女たち自身の選択とは別の次元
で共有されていた知識が，集団討議の場面になると影響を及ぼしたといえそう
です。

　ところで，討議前と討議後では彼らの知識構造はどのように変化していたで
しょうか。直接比較することはできないのですが，第 1 因子軸の寄与率の大き
さ（項目全体のばらつきを 1 つの認知軸でどれくらい説明できたか）から変化
を探ってみました。討議前も討議後も，仕事志向と家庭志向の 2 因子構造だっ
たのですが，討議前は 32.28％であった第 1 因子の寄与率が，討議後には 40.25
％になっていました。集団討議を経ると，情報を 1 つの評価軸に関連づけて判
断しようとする傾向が高くなるようです（Arima, 2012）。

まとめ･･･共有知識構造が主観的妥当性を定める

　本章では，社会的決定スキーマ理論による多数決ルール予測と，社会的カテ
ゴリー化理論のプロトタイプ予測の妥当性を比較検討した結果を紹介しました。
両者の予測力に大きな差はありませんが，いずれも，仕事志向項目群には予測
が当てはまらないことが示されました。10 項目の話題を 1 つひとつ話し合う
過程において，個人で回答していた時点ではなかった視点が生まれ，各項目
間の関係性が整理されたようです。さらに集団討議の結果，認知軸が単純にな
る傾向が示唆されました。この結果は，討議前の選好を 1 項目ずつ取り出して，
数学的に集団決定を予測することの限界を示唆しています。討議中に個人で考

えていたときとは異なる文脈が共有されたことがその理由です。また，極化の方向としては，世間一般の考え方として予測された保守的な方向が選ばれていました。彼女たちの共有知識構造が保守の方向にあったために，そちらに主観的妥当性が高く感じられたのだろうと解釈しています。

●● 主観的妥当性

　主観的妥当性とは，平たく言えば，正解と感じられる度合いのことです。フェスティンガー（Festinger, 1954）は，アッシュの実験のような物理的根拠がある判断であれば，物理的実在性により主観的妥当性が得られるが，物理的実在性がないときは社会的現実性，すなわち「みんなの意見」によって，主観的妥当性が得られると考えました。

　これに対して，モスコヴィッシは，アッシュの実験でも間違った多数者によって判断が揺らいだように，物理的な根拠があろうがなかろうが「みんなの意見」によって主観的妥当性は変化するのだと論じています。モスコヴィッシが少数者実験で色覚判断という物理的現実の正解がある課題を用いたのは，この論点を主張する意図があったからでしょう。

　モスコヴィッシは，社会的な合意によって定められる社会的表象（Moscovici, 2001）という概念を提唱しました。社会的表象とは，個人に現実を解釈するコードを提供する知識構造です。本書で想定している母集団の共有知識構造に近い概念ですが，社会的表象は社会においてある程度は持続する解釈コードが想定されています。対して，本書で仮定する共有知識構造は，場面に応じて形成され，観点が変化すれば情報の解釈が変わるような可変性の高い構造を想定しています。

　たとえば，残業が続くことも当然と考える会社の同僚と，当然じゃないと考える家族を持っている女性を考えてみましょう。彼女は，職場と家族という，互いに理解しあえない集団に所属しているので，家庭で当然と考えられる常識を職場に持ち込んでも仕方がないし，その逆もできません。職場では職場の常識（自己都合で同僚に負担をかけてはいけない）に従い，家庭では家庭の常識（家族は一緒に夕食を食べるべき）の中で暮らすことになります。家庭から職場に出勤して態度が変わったとしても，同調圧力を受けて変わったというより

は，「常識」が変化したことによるものでしょう。

　しかし，改めて，残業するべきかどうか，どちらが正しいのかと問われた場合は，正しい「常識」を1つに決めることが必要になります。家庭よりは職場，職場よりは日本人全体，日本よりは世界，といった具合に，通用する範囲が広い常識ほど，主観的妥当性が高いと認知されるのだろうと考えています。この，「常識」の通じる範囲の対象が持ち合わせていると予測される知識構造が，本書でいうところの共有知識構造です。共有知識構造は常に揺らいでいますので予測がいつも正しいとは限りません。ただし，第3章でみるように，異なる知識構造の摺り合わせに失敗すると合意しにくくなるので，広く共有されている知識構造ほど，結果的に強い影響力を及ぼすことになります。

　個人が考えているときは，さまざまな文脈から考えていても，他者と話し合うときは，その人と「常識」が通じる範囲の共有知識構造を選んで話をすることになります。その中でも，より主観的妥当性が高いと感じられる共有知識構造を使って，ばらばらの文脈を対立軸にまとめていくことになります。それに伴って起こる態度変化が，集団極化現象ではないかという仮説が本書の主張です。次章では，私たちが，場面ごとにどのように情報を再構成しているのかについて検討します。

第2章 集団の情報処理過程

　第1章の実験では，矛盾する信念を表明する項目を同時に討議した場合，多数決ルールや自己カテゴリー化理論のような数学モデルにより予測する手法には限界があることが示されました。

　矛盾する信念の中で議論することは，決して特殊な例ではありません。むしろ，多数決に持ち込む前に，異なる視点から考えられていた問題を整理し，利害を調整することこそが，私たちが日常的に会議を行う理由です。たとえば，原発問題についてこれから討議すると考えてみましょう。将来的にすべての原発を停止させるのか残すのかを，国民投票で決めるのであれば，多数決ルールで予測可能です。ただし，そのような選択肢にしぼる前には議論が必要になるでしょう。原発の潜在的リスクをどこまで許容できるか，代替電力網を構築する経済的負担をどこまで許容できるかなど，双方の立場には，それぞれもっともな理由があります。だからこそ，議論になるわけですが。人によって異なる意味を持つ情報を集団の中でどのように統合するのかが問題になります。

　本書では，集団極化現象とは，何が正しいのかという評価軸を集団が共有する過程の副産物として現れる現象ではないかと考えています。たとえば，今から原発を支持するかどうかを話し合うことを考えてください。まず，互いに同じ方向の評価の枠組みを持っているかどうかの探り合いからはじまるでしょう。その方向性によって，観点も定まります。同じ情報を与えられていたとしても，エネルギー政策の観点から原発を支持することも，環境問題の観点から批判することも可能です。どの観点を取るかによって，同じ情報に対する評価も変化

します。同じリスクの数値を示されても，危険だと感じる人もいれば安全だと感じる人もいます。集団の多数派を読み違えて発言すれば，感情的な反発を生むかもしれません。いわゆる「地雷を踏む」というやつです。

実際に私が参加してきた多人数の会議場面などを考えると，同じ観点で物事を考えているかなどは，ほとんどあてずっぽうのレベルで想像するしかありません。にもかかわらず，会話は成立しているようだし，それがたとえ表面上のものとしても，話し合いの結果として，何かしら私たちの態度に変化は生ずるようです。知識構造が刻々と変化するコミュニケーションの過程において，どのように概念の交換可能性が保たれているのかは，興味深い問題です。

1 ··· 共有知識の予測

私の理解するところでは，「意味」とは，外部刺激に応じて神経ネットワークの一部が活性化したパターンに対応する経験です。このネットワーク構造は，他者と完全に一致するものではないでしょう。言語カテゴリー化モデル(Semin, 1989) によれば，使用する言語により原因帰属などの推論過程にまで影響が及ぶとされています。りんごといえば赤というように，共有性の高いつながりもあれば，りんごとMac，あるいはりんごとビートルズのように，世代によって異なるつながりもあります。近傍のネットワークの活性化まで含めると，同じ言葉でも人によって異なる経験をもたらすことになります。

私たちは，意味ネットワークが一致していない相手と「会話」するために，相手の知識構造のモデルを自分の中に作り上げてそのモデルと会話をしているのではないかと考えています。自分の頭の中に相手の知識構造をシミュレートしたモデルを作り，そのモデルを修正しながら相互作用を行っているのでしょう。そのモデルが本書でいうところの共有知識構造になります。その実体が，物理的にどこにあるのかといえば，個人の頭の中にあるものです。コミュニケーションが可能であるということは，ある程度は正確な相手の知識構造のモデルを作る能力があることを示しています。

たとえば，私たちは案外，他者の知識を正確に予期しているらしい，という実験結果があります。他者と待ち合わせをするときに，知らない都会でどこを

待ち合わせポイントに選ぶか，という実験を行うと，相手も知っていそうな待ち合わせポイントを選ぼうとします。それは実際に相手にとっても理解できるものが選ばれる確率が高いのです。フッサールら（Fussell & Krauss, 1992）の実験では，公的人物の写真を刺激材料として，電話で話している相手に自分と同じ写真を選んでもらうために，どのように説明するかを調べています。この実験から，コミュニケーションの相手が写真の人物に関して持っているであろう知識をかなり正確に予測できることが示されています。このような，「案外」正確な共有知識は，私たちの知識の中でも長期間安定している部分が使われていると考えられます。観光地の目立つ建物は，パリならエッフェル塔，という知識は誰の頭の中でも長期間安定しているものとして当てにしてよい知識になります。一方，目立つ建物がめまぐるしく変わるような都市での待ち合わせは困難になります。

　日常の何気ない会話においても，無意識のうちに相手に理解されやすい言葉を選んで，調整しながら会話を行っています。これは高度な予測能力を必要とする作業です。日々刻々と変化し続けるような話題については，相手の知識を予測するのが難しいため，場面場面で共有知識構造をさぐりながら形成して，その内容に従って，発言内容や発言のトーンを変化させることになります。

　集団極化現象にカテゴリー化の効果が見られる理由は，社会的アイデンティティが変化するのからはなくて，カテゴリー化の操作によって，予期される共有知識構造が変化するためではないかと考えています。脱原発派の集団であると認識すれば，原発が必要であるという考えは，弁解するようなトーンで話をする必要がありそうです。逆に，原発推進派の集団の中では，原発は危険であるという考えは，慎重に述べる必要があるでしょう。肯定的・否定的感情と関連している話題であるほど，見きわめが重要になります。共有知識構造を読み取る能力が，空気を読む力といわれるものなのかもしれません。

2 ・・・ 認知モデルと会話をする

　ジョン・ダンカンの『知性誕生』（Duncan, 2010/ 田淵訳, 2011）と題する知能に関する本を読んでいて，次のような記述に出くわしました。

チェルノブイリやスリーマイル島の原発事故のような災害の詳細な事後調査によると，オペレーターが1つの考え方にこだわり，彼らの診断が間違っていて，修正の試みが失敗することを示す明白な証拠を無視していたことが明らかになっている。消防士は，行動の最中には「1つの解決策しか思いつかなかった」と説明することが多い。つまり，いったんその解決策が進行し出すと，ほかのもっと良い策は考慮されなかったのだ。重要な考えは，強い競争相手によって考慮の外に置かれる。

　この文章を読むと，まるで緊急事態にある集団の話のようですが，そうではありません。ここでダンカンが競争相手といっているのは，個人の脳の中で進行している多数の処理のことなのです。脳の情報処理過程には，集団過程と類似するプロセスが想定されていることがわかります。
　私たちの感覚器官は脳に莫大な情報を伝えていますが，意識的に処理できる情報量はそのうちのわずかなものと考えられています。本を読んでいるつもりでも，いつのまにか，字面だけは目で追いながら，まったく別のことを考えていることがありますね。今のあなたはどうでしょうか。別のことを考えていたけど，「今のあなたはどうでしょうか」という文章に気づいて注意を戻したのであれば，読んでいる内容が意識下のどこかではわかっていたことになります。脳の働きは，多くのモジュールと呼ばれるプロセスによって進行しており，注意のスポットライトが当たることによって，それらのプロセスのごく一部だけが意識されています。意識下ではさまざまなプロセスが進行中であり，意識をしていなくても，私たちはさまざまな影響を受けています。
　長年にわたる認知心理学者の努力により，認知・知覚・思考のさまざまな側面が解明されてきました。なかでも重要な知見は，精神分析学的観点とは異なる意味での「無意識」が人間の意識の大きな部分を占めることが示されたことでしょう。意識しなくても勝手に進行する過程であることから，自動過程と呼ばれています。
　ダンカンは，知的課題を処理している間の脳画像などから見いだした結果から，次のような仮説を提示しています。人間の脳は課題を与えられると，当面の課題処理に必要な記憶と能力を起動させて「認知的囲い地」を形成します。

これはおそらくワーキングメモリーに近い概念ですが，この分野は現在進行形で発展しているので，本書ではこのまま認知的囲い地と呼ばせていただきます。タスクごとに別の場所に認知的囲い地ができるわけではなく，同じ神経細胞を再構成して使っていると報告されています。私はこれと同じプロセスが集団内でも起きているのではないかと考えています。アナロジーとして同じことが起きているという意味ではなく，個人の認知がそのようなものであるがゆえに，結果として，集団の情報処理にも同じような現象が現れるという意味です。それは，おおむね次のようなプロセスではないかと考えています。

目の前にいる相手との会話に注意が向けられるのと同時に，その会話に必要な情報を自分の記憶からサーチして，相手と共有可能な知識構造に情報を再構成します。相互作用中は，認知的囲い地に構成されたモデルによって活性化しやすい情報が制約されます。多くの背景知識を持っていたとしても，相手と共有できない知識は自分にとっても活用しにくい状態になります。

話し手は聞き手に理解してもらうために常に共有知識構造を調整しており，その過程で意味の収束が起こり両者の観点が一致するのでしょう。情報のやりとりのたびに変化するのだとすれば，複数の人間が参加している集団のコミュニケーションでは常に意味の揺らぎと収束が繰り返されることになります。対話する相手の人数が多くなれば，認知的囲い地に構成される共有知識構造は単純なものにならざるをえないかもしれません。

●● 認知的チューニング

他者の態度に合わせて情報を伝えると，自分の態度まで変化してしまうという実験結果があります。これは，認知的チューニングと呼ばれています。たとえば，ステレオタイプ（偏見）に一致する，あるいは不一致な情報を与えて会話させると，一致する情報を確認しあうようなコミュニケーションが行われます（Ruscher, Santuzzi, & Hammer, 2003）。さらに，相手の態度に合わせて，特定の人に否定的な態度をとると，自分もその人に否定的な態度を持つようになる結果が報告されています（Higgins, 1992）。

認知的チューニング効果は，他者の知識構造に合わせたコミュニケーションを行うことによって，自身の知識構造が変化することを示唆しています。集団

の話し合いは双方向のものですから，どちらにも理解できる共有知識構造を用いて話す結果，自らの知識構造も影響を受けることになります。2人の間であれば柔軟に修正することも可能ですが，人数が多くなるほど，いったん形成された共有知識構造を変化させることは難しくなるでしょう。特に，メンバー間の知識構造が多様化するほど，共有部分はそれだけ小さくなり，結果として共有知識構造もより単純になるかもしれません。

　重要な問題を審議するとき，政府は有識者会議などを用いて，世間に散らばる「知」を有効利用しようとします。構成は会議によって異なりますが，大学やシンクタンクから理系・人文系・社会学系の専門家をそろえ，ジャーナリスト，作家，その他，それぞれの時代において国民の意見を代表しうる有名人の方々など，まさに多様性を重視したメンバーが集められます。しかし，そのような討論からすばらしい施策が生まれた事例は，あまり耳にしません。私が知らないだけで，おそらく討議の過程では，さまざまなよい意見が出されていたはずです。しかし，このような会議に参加する方々は，自分の専門領域の言葉は使わずに平易に話さなければならない上に，それでもどこまで理解してもらっているのかわからないという「コミュニケーションが困難」な状況下で仕事に取り組まされるのではないか，と想像します。そのような状態では，十分に専門家の知識が活用できないまま，重要な発言が「非共有知識」として見過ごされる可能性が高くなります。

　おそらく，集団はコミュニケーションのために，各個人が持つ知識構造を，より単純化し少ない次元で構造化する働きがあるのだろうと考えています。それは，もともと持っていた文脈のどれかが使われるのではなく，新しく単純な文脈が作られることもあるでしょう。仕事か家庭か，敵か味方か，などなど，最初はそんな観点を持っていなかった人々のうちからも，単純な対立軸が生まれてしまう可能性もあります。

　このような制約の中で集団が多様な知を生かすにはどうすればよいのでしょうか。これは集団の情報処理過程（Hinsz, Tindale, & Vollrath, 1997），あるいは，社会的共有認知と呼ばれる分野で研究されています。

3 ・・・ 集団の記憶研究

　たとえば，原発に事故があったとき，1つの専門領域だけで解決できるものではありません。そこで，決定の責任を担う人間は，多くの専門家の意見を聞いて決定をしなければなりません。しかし，1人がすべての情報を聞いて判断していたのでは，1人の人間が処理できるキャパシティを超えてしまうことは，目に見えています。集団が効率よく動くためには，情報も情報処理も分散されなければなりません。このような研究は，集団記憶の分野で行われています。

　集団記憶（N. K. Clark & Stephenson, 1981）とは，集団状況で記憶または再生を行わせた場合の記憶全般を意味します。集団記憶実験では，名目集団という概念を導入して，個人と集団のパフォーマンスが比較されます。名目集団とは，独立した個人のパフォーマンスを集団の人数分，足し合わせた条件です。これと，相互作用を行う実際の集団のパフォーマンスと比べてどちらが高いのか，を調べるのが標準的な集団記憶実験の手続きです。

●● 協同抑制

　集団の相互作用には，互いの記憶を刺激しあう効果があります。たとえば，単語を連想する課題であれば，個人よりも集団の方が優秀な成績が示されます（S. E. Clark, Hori, Putnam, & Martin, 2000）。おそらくこれがブレーンストーミングの効果なのでしょう。よって，集団は個人よりも多くの情報を算出しやすいと考えられます。では，その記憶容量を最大にするにはどうしたらいいでしょうか。答えは明白なように思えます。集団のメンバー1人ひとりに異なる専門性を持たせて，すべて異なる内容を記憶しておいてもらえれば，1人で記憶できる容量が人数分だけ加算されるはずです。ところが，実際に集団で記憶課題に取り組んでもらうと人数分の単純加算に届くことはありません。

　集団で記憶した場合，理論的な最大容量である個人の記憶量の加算値には達しないことが知られています（Weldon & Bellinger, 1997）。全員違う単語を集団メンバーに割り当てるよりも，むしろ一部共有させた方が集団としての成績はよくなります。単に覚えきれないというよりも，重なりを必要としているかのようです。クラークら（N. K. Clark & Stephenson, 1981; R. D. Clark,

1990; S. E. Clark et al., 2000）によれば，集団として保有できる記憶量は，個人のキャパシティ全体から見れば，およそ70％ぐらいしか使うことができないとされています。このような集団によるパフォーマンスの低下は，協同抑制（collaborative inihibition）と呼ばれています（Weldon, Blair, & Huebsch, 2000）。

　協同抑制が起こる説明としては，記憶を再生するときの検索ストラテジーが個人によって異なっていることが理由として考えられています。(Basden, Basden, Bryner, & Thomas, 1997; Basden, Basden, Thomas, & Souphasith, 1998; Finlay, Hitch, & Meudell, 2000）。単語リストのカテゴリーが，たとえば花の名前と動物の名前などと，1つ2つくらいの単純で思い出しやすい課題の場合は，協同抑制による低下が少ないのですが，カテゴリーが多様になると，人によって違う覚え方をするために，集団としての記憶量は低下します。すなわち課題の知識構造が複雑になるほど，集団はそれを思い出しにくくなるのです。

　フィンレイら（Finlay et al., 2000）は，記銘時に集団で協力すれば，再生時の協同抑制が少なくなることを見いだしています。すなわち，同じ知識構造を使って覚えることができればメンバー間に記憶を分散させられるのです。同じ知識構造の方が記憶を分散できるというのは，矛盾して聞こえるかもしれませんが，どのような知識領域があるという枠組みさえ共有できれば，知識構造の中のどの領域を誰に聞けばよいのか，自分の記憶の中でマップしやすくなるのでしょう。よって，他者の領域を正確に予測できるほど，他者の記憶を有効に利用できるものと予想されます。これは「自他の知識に関する知識」というメタ認知がどのように形成されるかという問題になります。

●● 分散された記憶

　分散記憶とは，環境中に手がかりを持つ記憶システムのあり方を指します。特に，他者の記憶の中に記憶が分散されている場合は，トランザクショナルメモリー（Austin, 2003）と呼ばれます。ウェグナー（Wegner, 1995）は，集団の記憶システムは，トランザクショナルメモリーによって集団成員の各記憶がコンピュータネットワークのように接続されている可能性にまで言及していま

す。このような効率のよい記憶の分散は，長年同じ仕事をしている仲間や，暗黙知に近い技術を要する仕事において観察されるものです（Resnick, 1991）。たとえば，大きな船を動かす乗組員の例を調べたハッチンズ（Hutchins, 1991）の分散認知研究が知られています。

　トランザクショナルメモリーが成立するには，役割や課題に関するメンタルモデルの共有性が必要になります（Mohammed & Dumville, 2001）。長期間にわたる人間関係を持つペアや，長期間継続して存在する組織などにおいては，知識構造の相補性が集団のパフォーマンスを向上させるのです（Thompson & Fine, 1999）。いつまでも自分の服が収まっている場所を覚えられないお父さんみたいな感じでしょうか。お母さんに，「あれどこにいったっけ？」と言えばいつでも必要な物が出てくるなら，記憶力のよい人でも記憶をお母さんに任せることになります。分散記憶は意識してできるものではなく，認知的な効率を上げるために無意識のうちに形成されるものと考えられます。

　一方，新しく集まった集団の中では，最初から知識構造の枠組みが共有されていることは少なく，徐々に構築していく必要があります。集団極化現象の実験手続きは，通常あまり話したことのないメンバー同士で討議をしてもらうため，最初からトランザクショナルメモリーが形成されていることはまずありません。そこで，まず集団メンバーは共有する文脈を構築することからはじめなければなりません。

4 … 集団が情報を「知る」とは

　集団が何かを「知る」には，メンバー全員が「知っている」状態になる必要があるように思えますが，集団レベルでの情報処理が行われるためには，すべてのメンバーが情報を持っている必要はありません。とはいえ，1人ずつの情報の加算でもありません。集団の注意を引くためには少なくとも2人の人間が情報を共有している必要がある，とされます。少数者研究においても，多数者に対する少数者の人数は1人ではなくて2人からに設定されていました。交換可能な情報があると予期させるからでしょう。集団が情報処理を行っているといえる必要条件は，2人以上の人間が少なくとも1つの情報について共通理解

を得ている状態にあること，ということになります。

共有性のレベルは，情報の共有性とメタ認知レベルの共有性に分けられます（Tindale, Meisenhelder, Dykema-Engblade, & Hogg, 2001）。メタ認知とは情報を認知するときに，その文脈や枠組みとして働く認知のことです。集団研究では，誰がどの情報を持っているかというメタ認知が共有されている場合は，非共有情報も活用されやすくなることが知られています（Schittekatte, 1996; Stasser & Stewart, 1992）。

●● 共有知識効果

社会的共有認知研究においてもっとも重要な研究は，共有情報を使用した判断に集団が導かれやすい共有知識効果です。この実験では，隠されたプロフィール（Stasser & Stewart, 1992; Stasser & Titus, 1985）と呼ばれる次のような実験課題が用いられます。

実験参加者は，新しい人を採用する人事委員会として討議を行うように要請されます。手もとにある資料には，候補者のプロフィールが配られており，それを読み込んで当該ポストにもっとも適した人材を選ばなければなりません。しかし，討議メンバー全員が同じ情報を持っているわけではありません。全員同じ情報もあるのですが，人によって少しずつ違う情報もあります。ここにこの実験のミソがあります。みんなが共通して持っている共有情報だけを使って判断するとある候補者がもっとも適した人材として選ばれるのですが，非共有情報を組み合わせると，別の候補者の方がより適していることがわかります。すなわち，表のプロフィール（共有情報）と隠されたプロフィール（非共有情報）で判断が食い違うように工夫されているのです。討議集団が正解に達するためには，メンバー間に散らばっている情報を集めなければなりません。この課題を用いた多くの実験の結果によると，集団は，散らばっている情報の重要性に気づかないために，なかなか正解にたどり着くことができません。この共有知識効果は，タイムプレッシャーがある状況ではさらに強くなります（Larson, Foster-Fishman, & Keys, 1994）。

共有知識効果がなぜ起きるのかについては，情報サンプリング理論（Stasser & Titus, 1985）が有力な説明理論です。よりたくさんのメンバーに保持された

情報はそれだけ言及される確率が高くなるために，集団の認知もそちらに傾いていくと考える仮説です。この仮説に対する反論として，話題に出てくる頻度とは関係なく，共有されている知識は妥当性が高く認知されるという仮説もあり，実際に情報が取り上げられる頻度が同じでも共有知識効果が出ることを示した実験があります (Winquist & Larson, 1998)。取り上げられる頻度が同じでも共有された情報の妥当性が高く認知される理由としては，共有知識を保有するメンバーは発言内容が他者から承認されやすく (Sargis & Larson, 2002)，影響力が強く認知されるなどの (Kameda, Ohtsubo, & Takezawa, 1997) 実験結果が示されています。

　共通して持っている情報にしか気がつかないとは，おそろしくバカな集団のように聞こえますが，これは集団が効率よく情報を処理するために必要なプロセスなのでしょう。どのような文脈で話し合っているのかわからないまま話し合うより，互いに意味がわかってもらいやすい文脈に沿って討議する方が，賢い議論の進め方です。みんなが共通して持っている情報を参照しながら「○○さんがよさそうだね」と言えば，すぐに共通理解が得られます。すると，その○○さんを選ぶかどうかの観点から他の情報を眺めることになります。他の候補者がベストかもしれないという観点を持っていない限り，隠されたプロフィールは，意味のないばらばらの情報としてしか認知されません。

　しかし，このような共有知識効果が出ない場面もあります。数学の問題や図形を用いたパズルのような課題であれば，少数者からの新しい情報であっても，それが正解であれば理解されます。Aha 体験と呼ばれる，ああ，そうだ，それに違いない，という感覚がもたらされるのです。隠されたプロフィール問題もパズルといえばパズルなのですが，何が違うのでしょうか。

5 ・・・ 課題表象

　この問題に対しては，課題表象の違いという観点から研究が行われています。課題表象とはどのような選択肢が存在するかを示し，決定過程に影響するメタ認知となるものです。課題は大きく，正解が存在する知的課題と存在しない判断課題に分けられます。

集団意志決定の研究では，メンバーの初期選好（討議前に個人が選んでいた選択）から集団決定の結果が予測可能であること，そしてそれは多数決ルールでもっともよく予測できることが示されてきました。しかし，例外もあります。たとえば，正解のある知的課題であれば，1人でも正解を持っていれば集団決定の誤りを防ぐ確率が高まります。ティンデールら（Tindale, Davis, Vollrath, Nagao, & Hinsz, 1990）は，単に他のメンバーの選択を伝えるだけでも正解を選ぶ確率が高まる実験結果を示しています。ローリンら（Laughlin & Ellis, 1986）は正解のある課題に関してはTruth-Win（正解が選択される）の決定ルールが適用されて，正解を提示した少数者は多数者に勝ちうることが示しています。この結果は，多数決ルールからはずれていますので，意志決定のゆがみということになります。これらの結果からティンデールらは，判断課題であれば，集団は多数者ルールに従うが，知的課題に対しては課題表象に従うと定式化しました。

●● **知的課題と判断課題**

しかし，「正解への暗示」は，正解の存在する知的課題には限りません。たとえば模擬陪審員実験では，無罪への好みが結果を非対称にする宥恕効果が知られています（Tindale et al., 1990）。これは，陪審員に厳罰主義よりも寛容主義が好まれることによって決定が偏る効果です（Chandrashekaran, Walker, Ward, & Reingen, 1996）。有罪と無罪が半々の割合であれば，数学的な予測値は50％の確率で有罪となるはずですが，観測値における有罪の確率は50％よりも低くなる傾向があるのです。

スミスら（Smith, Dykema-Engblade, Walker, Niven, & McGough, 2000）によれば，実験集団の中では多数者であっても，世間一般の観点では少数者側の立場であるローカルマジョリティは，影響力が弱くなる結果を見いだしています。この効果は時代精神効果と呼ばれています（Clark, 1990）。世間一般とは，同じ文化圏の人々を指しますので，時代精神効果とは，母集団における多数者の影響力と考えてよいでしょう。

時代精神効果は，上位集団における知識構造との共有性が高ければ，下位集団のローカルマイノリティがローカルマジョリティに勝つのが可能であること

を示すものです。しかし，必ずしも人数の問題だけではありません。たとえば，殴り描きとしか見えない抽象画に，素人が値段をつけるとしたら高くならないかもしれません。しかし，絵画の値付け決定権は専門家にあるという認知が共有されているなら，値段についてはローカルマジョリティが母集団のマジョリティに勝つことになります。このように考えると，意志決定のゆがみが見られるのは知的課題に限らないし，それが母集団におけるマジョリティの判断であるとも限らないことになります。これが正解であるという主観的妥当性は，何に基づいて得られるのでしょうか。

●● 正解が存在するとはどういうことか

私は，正解が存在する知的課題と存在しない判断課題の違いは，知識構造がどの程度安定して共有されているかの違いではないかと考えています。正解が存在する問題とは，1＋1は2のように共有性の高いルールに基づいて回答を導き出せる問題です。数式の正解は絶対的なものと考えられていますが，ゼロの概念は人間が作ったもので，0÷1は不定解なのかなどと考えはじめると，多少は知識構造にずれがあったりします。目の前にある赤い物体が赤かどうかという判断も，赤という視覚的体験が共有されているのではなく，ある範囲のスペクトルと対応した言語コードが共有されているため正解とされます。

このように考えると正解とは，私たちがあらかじめ共有しているコードを使って指し示すものです。しかし，言語ルールは日々変化します。よって，正解のある知的課題とは，その時点で知識構造の共有性が高い課題であり，判断課題とは，知識構造の共有性が低い課題と考えることも可能です。

ワインの値段について，おもしろい話を読みました（Ayres, 2007）。過去には，専門家集団がワインの値段の決定権を握っていたのですが，ワインが収穫された時期からおいしさを判断する数式が発表されると，そちらの方が信頼のおける指標とみなされるようになり，しだいに専門家集団の「値付け決定権」が失われてきたという話です。味覚という物理的現実に対応していたはずの課題が，実はローカルマジョリティが決定権を握っていた判断課題であった事例といえるでしょう。専門家よりも数式が信頼されるようになった過程には，第7章で述べる集合知のプロセスがあったと考えられます。

6 ・・・ 極端化過程の仮説

　集団の情報処理研究では，集団に共有された情報が多いほど，それにより形成されるバイアスが増幅され，共有されていないバイアスは消えると予測されています（Kerr, MacCoun, & Kramer, 1996）。ヒンツ（Hinsz et al., 1997）はこれを強調化と希薄化の過程と呼んでいます。この強調化過程を極化現象とみることができそうですが，それほど単純ではありません。メタ認知レベルの共有性が極化するのか，情報レベルの共有性が極化するのかで異なるからです。これは，情報的影響仮説と共有知識効果による予測の矛盾として現れます。

　情報的影響仮説（Burnstein & Vinokur, 1977）によれば，集団極化現象は，それまでメンバーが知らなかった新しい情報，すなわち非共有情報の集積によるものと考えています。すなわち，もともと知っていた情報よりも知らなかった情報の影響力が高いことになり，実際に，その仮説が正しいことは多くの実験結果によって実証されています。ところが，共有知識効果の実験によれば，逆に非共有情報よりも共有情報の方が集団の注意を引くとされ，こちらも，多くの実験により討議にもたらす影響力が実証されています（Stasser & Titus, 1985）。この矛盾点については次のように考えています。

　共有知識効果はメタ認知レベルの共有性を構築する初期段階に働く効果と考えられます。私たちは会話をするとき，脈絡もなく関連性のない情報を出すことはできません。集団は，まず共有情報に注目して，その枠組みで会話の文脈を共有します。その文脈にはのらない情報は，共有情報によって最初に築かれてしまった認知枠組みの視点からは重要性がわかりにくく，共有知識構造の中に組み込めなくなってしまいます。

　一方，情報的影響理論が仮説とする非共有情報による知識の増大は，文脈が共有された後に働く効果と考えられます。共有された文脈にのる情報であれば，すでに知っている情報よりも新しい情報の方が注意を引きます。そのうえで，メンバーの非共有情報を共有させるプロセスがあれば，メンバーの記憶にも残りやすい結果が報告されています（Stewart & Stasser, 1995）。

　よって，メンバーに記憶が分散されており，かつ，文脈が共有されることができた場合は，集団は個人よりも多くの情報を蓄積すると考えられます。文脈

を共有する多くの情報が蓄積されれば，集団極化現象が引き起こされるでしょう。

　以上の議論はまだ粗いもので，操作的定義がありません。そこで，手続き的に明快な記憶研究のパラダイムを利用して，この問題を検討してみることにしました。集団が実験中に知識構造を共有していたかどうか判別する手がかりとしては，虚記憶という現象を用いることにしました。

●● 集団も偽の記憶を思い出すか

　虚記憶（false memory）とは，生起していない，あるいは生起した事象とは異なる事象を再生または再認すること，すなわち，なかったことをあったかのように思い出してしまうことを意味します。おもにエピソード記憶において知られる現象であり，普通に単語を再生させる記憶研究ではまれにしか起こりません。ところが，相互に意味関連性の強い単語リストを用いた場合，連想される項目を間違って再生することが知られています（Deese, 1959）。この実験では，実験に先だって単語連想実験を行い，連想しやすい単語リストを用意します。これを実験参加者に覚えてもらってから，たくさんの単語の中から，記憶していた単語を選んでもらうことになります。ただし，連想のタネになっていた中心となる言葉（中心語と呼ぶことにします）は，記銘時に示される単語リストには含まれておらず，再認テストの単語リストの中にだけ，含められています。そうしますと，.50から.80という高い確率で最初のリストにはなかった中心語が「あった」と報告されることが知られています。これがDRM実験パラダイム（Deese-Roediger-McDermott paradigm）における虚記憶を調べる手続きです。

　中心語に比べれば，まったく関係のない単語を誤認する確率は低いため，関連性の深い単語を誤って認知してしまう間違いは，私たちの記憶構造に由来する一般的な現象と考えられています。説明理論としては，意味ネットワークの活性が関連単語に及ぶために再認されやすくなると考える活性化拡散仮説（Roediger & McDermott, 1995）が有力です。活性化拡散仮説は，私たちが単語から意味を感じ取ったとき，ある単語の意味に対応する神経のどれかが興奮するのではなく，その意味を構成する神経ネットワークが興奮することを仮説

の前提に置いています。ネットワークには重なりがあるため，意味の近い単語を覚えていくと，近傍のネットワークが活性する，あるいは，活性しやすい準備状態になるために，中心語を見たときに，あった，と感じてしまうのです。

最初に提示される意味の近い単語リストは連想テストによって作成されるもので，英語の文献に載っていた英単語リストを訳して日本人にそのまま使うことはできません。また，一度作った単語リストを何十年も続けて使うこともできそうにありません。すなわち，DRM実験パラダイムは，文化的に形成された知識構造を利用しており，同じ時代と社会に生きる人間の間で単語の意味のネットワーク構造が共有されていることをあてにした実験といえるでしょう。そこで，同じ中心語にひっかかってしまうかどうかは，知識構造が共有されていたという判定に使えそうです。ただし，個人には記憶力の差がありますので，そのまま共有性の指標には使えません。

しかし，集団であれば，記憶の正確さにおいて個人の平均値より優れることが知られています（Tindale et al., 2001）。1人でも正解に気がつけば真実が勝つ決定ルールが働くからです。虚記憶課題においても集団は個人よりも間違いが少なくなるはずですから，全員が間違いに気がつかないようであれば，メンバー間に知識構造が共有されていた指標となります。このような考えに基づいて行った集団の虚記憶実験の結果を報告します（Arima, 2000, 2001; 有馬，投稿中論文）。

7 ... 血液型性格判断の虚記憶実験

記憶実験の課題を応用すると，知識構造を，複数のカテゴリーに分けられた単語リストとして，操作的に定義することができます。この単語リストに，共有知識構造に合致する条件と，合致しない条件を設定しました。このリストを集団で思い出す作業をして，記憶再生作業の前後で態度変化量を調べるという実験手続きです。実験1では，個人で思い出す場合と集団で思い出す場合の虚記憶を比較しました。実験2で，態度変化量にメンバーの記憶の多様性がどのように働くかを検討しました。

記憶課題として用意した単語リストには，血液型性格判断に使われる形容詞

を血液型別に並べました。つまり，日本人ならたいてい知っている血液型性格判断の共有知識構造を利用してやろうというわけです。A 型は几帳面，B 型はマイペースというものですね。このような知識を私たちは共有していますが，パーソナリティ研究では血液型による有意な差は発見されていません。よって，血液型性格判断は根拠のない信念と考えられています。母集団に共有されている知識の効果を実験的に調べるにはふさわしい話題になりそうです。

●● 集団の虚記憶実験〈実験 1〉

　血液型信念を利用した虚記憶実験に参加していただいたのは，159 名の高校生のみなさんです。彼らには先に，血液型判断はどれくらいよく当てはまっているかという質問紙に答えてもらいました。その質問紙には，4 つの血液型それぞれの性格を描写する形容詞が 5 つずつ並んでいます。そして，各血液型について，その性格描写がよく当たっているかどうかの判断をしてもらいました。単語リストは血液型性格判断の本に使われていた単語が使われています。ただし，「几帳面」などの，各カテゴリーの中心語に相当すると考えられる単語は入っていません。質問紙を回収してから，集団で単語リストを思い出してもらうことになるのですが，質問紙に記入する段階では記憶の実験であることは伏せられています。また，質問紙には 2 種類あって，血液型性格判断のとおりに単語を並べたリスト（一貫性あり条件）と，同じ単語を血液型に関係なくランダムに並べ直した単語リスト（一貫性なし条件）の 2 種類がありました。前者のリストは，世間の信念（共有知識構造）と一貫していますが，後者のリストは，世間の信念とは一貫していないことになります。

　おもしろいことに，どちらの単語リストが掲載された質問紙でも，「やや当たっている」という回答になり，討議前の平均値に差はありませんでした。占いにはよくあることですが，曖昧な単語がたくさん並んでいると，どれかは当たっているように感じられてしまうようです。血液型は当たるという信念が，内容とは関係なく形成されることが，こんな簡単な実験からでもわかります。

　さて，どんなリストでも信じ込んでしまうのであれば，共有知識構造と一貫した単語が並んでいるリストでも，ランダムに並んでいる単語リストでも，同じ結果になるはずです。結果は図 2 − 1 のグラフです。個人ではどちらのリス

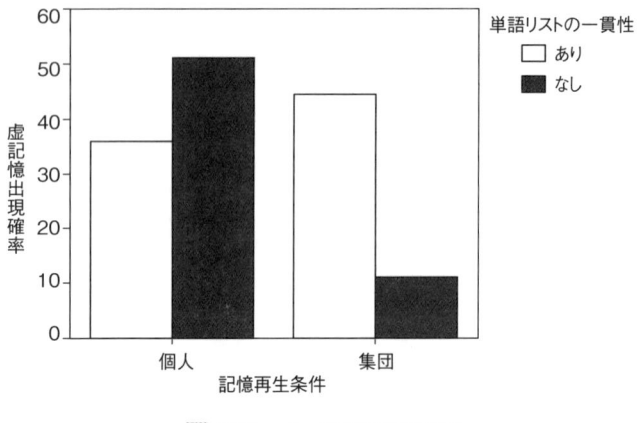

図2-1 虚記憶出現確率

トでも同じくらい虚記憶が出ましたが，集団で思い出してもらうと，リストによって差が出ています。この差には統計的な有意差がありました。集団は，一貫性のないリストであれば虚記憶を防ぐことができたのですが，一貫性のあるリストでは個人と同じように虚記憶が出現しています。すなわち，共有知識構造と一貫していた単語リストに対しては，記憶の誤りを防ぐことはできないことが示されています。

●● 集団の虚記憶実験〈実験2〉

同じ手続きで行った実験2では102名の高校生と大学生を対象として，記憶の多様性の影響を検討しました。記憶の多様性を条件にするために，自己照合効果を利用しました。自己照合効果とは，自分に関したことであれば覚えやすい現象のことです。自分の血液型がA型の場合は，A型にかかわる単語はよく覚えているけれども，自分の血液型以外の単語はあまり覚えていないというものです。そのため，集団メンバーの血液型が多いほど，記憶は分散されやすくなります。実験2の集団には，血液型の多様性が高い群と低い群が用意されました。集団のメンバーは互いの血液型については知らされていません。

この実験の結果，多様性の高い集団ほど，たくさんの単語を覚えており，虚記憶の数も増えていました。そして，単語リストに一貫性がない場合は，再生

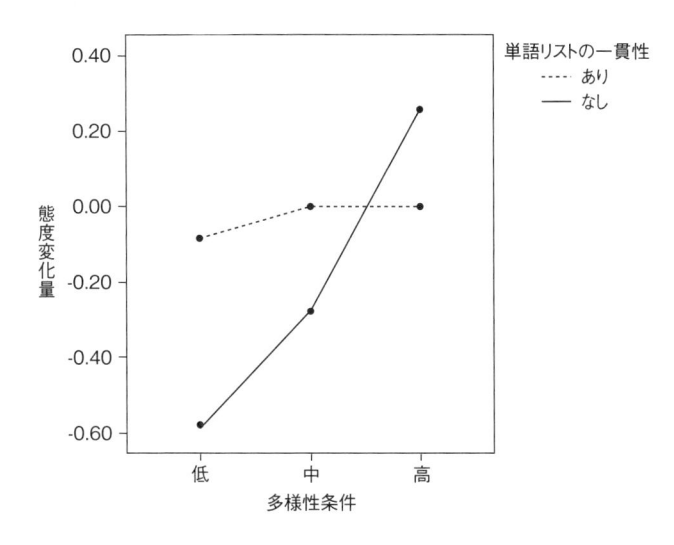

▲ 図2-2　多様性条件が極化現象に及ぼす効果

された単語数と態度の変化量に相関がないのに対して，単語リストに一貫性のある場合は，虚記憶も含めて単語を多く思い出すほど，態度の変化量が大きくなる相関が有意に示されました（図2-2）。以上の実験結果から，集団における態度の極端化には，共有知識構造の枠組みが共有されており，かつ，その枠組みにおいて情報が多く集められるほど，態度が極端化されていくプロセスが示唆されます。

▲ まとめ … 共有された文脈上で増える情報が極端化させる

　本章では，血液型性格判断という不合理な信念を題材として，共有知識構造が集団極化現象に及ぼす影響を実験的に検討する試みを紹介しました。知識構造を共有している単語リストを用いると，多様な情報が集まるほど態度が極端化する結果が示されました。

　課題そのものは単語リストを正確に思い出すことですから，正解のある課題になります。正解がある場合は多数者に少数者が勝つはずです。しかし，単語

がランダムに並んでいたか、あるいは、血液型信念に従って並んでいたかどうかによって集団が間違いを防ぐ確率が変化しました。すなわち、正解と認識できるかどうかは、共有知識構造に合致しているかどうかで影響されること、それは集団になってはじめて出る効果であることが、この実験結果から示唆されます。従来の社会的共有認知研究と本書の仮説の違いは、共有性が認知されていたかどうかとはかかわりなく、共有された知識構造の影響が現れると考えるところにあります。

●● 共有知識構造

　ここまで、漠然と共有知識構造と述べてきた言葉を、本書の立場から定義しておきましょう。

　知識構造という言葉は、おもに情報科学で使われる用語です。心理学では、認知構造、そしてそれを規定する認知的スキーマ・カテゴリー概念などの問題として検討されています。本書で使う知識構造はこれらの概念と同じですが、特にどの知識がカテゴリー概念、あるいはスキーマとして働くかは固定されていない、情報と情報のネットワークが可変的な構造と仮定しています。同じ情報であっても、どの観点から眺めるかという文脈の効果によって、各情報の位置づけが変化すると考えるからです。

　本書では、知識構造を規定する要因として、情報と文脈と評価の3つの要因を考えます。情報は知識を構成する要素です。情報と情報のつながり方を定める構造を文脈、文脈を変化させるときの視点を観点と呼ぶことにします。評価とは、意味ネットワークとポジティブ・ネガティブ感情とのつながりの強さを意味します。本書では、各情報に感情タグがつくのではなく、エピソード記憶に関連づけられた文脈が活性化すれば知識が感情を生起させると考えます。感情は、感情的経験を伴うエピソード記憶か、あるいは自己概念にかかわる知識構造から生み出されるものであり、知識構造に一貫性をもたらそうとする影響を与えることになります。感情そのものは知識というよりは主観的感覚であるため、無意識の情動感染によって共有されると考えています。

　たとえば、防波堤に関する知識構造を考えてみます。防波堤という情報は、観光という観点から眺めている人と、災害という観点から眺めている人では、

想起している文脈が異なります。情報のつなぎ替えとは，たとえば，もともと防波堤を景観にかかわる情報に関連させて考えていた人が，津波にかかわる知識に関連させて考えるようになるようなことです。その結果，思い出される情報も変化し，評価も変化するでしょう。津波のようにインパクトの強いエピソード記憶が知識と感情を深く結びつけた後は，文脈は変化しにくくなると考えられます。しかし，雪に対する評価が出勤途中とスキー場とで変わるように，評価の文脈は固定されない方が一般的ではないかと考えています。

同調圧力と呼ばれるものは，さまざまな可能性がある文脈のどれかに固定させる情報が，集団の中で続けて出されている状況です。血液型性格判断に使われる単語は，たとえB型といえども，ネガティブな単語ばかりではありませんので，そのままでは評価軸にはなりませんが，ネガティブな単語ばかり思い出される状況が続いた場合は，ネガティブ感情と結びついた態度として形成されることになります。

コミュニケーション場面では，相手の知識構造をモデルとして自分の知識構造を再構成する作業が行われると考えています。このときに，ある程度は互いの意味のネットワーク構造が近似していくことになります。これが本書でいうところの文脈の共有です。しかし，意味と意味のつながり方は個人によって少しずつ異なりますので，文脈が完全に一致することはありません。よって，測定可能である部分は，実験集団における情報量のみであり，文脈の効果は，実験操作の教示により確かめることになります。

本章の実験では単語リストの並べ方を変える手続きによって，知識構造を変化させた効果を検討しました。血液型性格判断という世間の通念と一致する単語リストを思い出そうとしていた集団は，一致しない単語リストを与えられた集団よりも多くの単語を思い出していました。集団は共有知識構造に沿う文脈の方が共有しやすく，より多くの関連情報を産出しやすくなると考えられます。その結果として起こるのが極端化です。

●● 共有知識構造の測定は可能か

共有知識構造を測定するにあたっては，観点が変動しやすいため，共有知識構造を質問紙で測定するには限界がありそうです。たとえば，小泉純一郎元首

相はおもしろいという観点から作られていた評価が，小泉元首相は正しいという観点による評価に変化するかもしれません。おもしろいかどうかの観点から判断されていた数値と，正しいかどうかの観点で判断されていた数値が，測定の時点によって異なる比率で混入することになります。それでも，すべての観点が既知であれば，各観点の確率的変動と，それらによる評価の平均変動を統合することも可能かもしれませんが，未知の観点を質問項目によって測定する方法がありません。このように質問紙による測定には限界がありますが，実験的手法を洗練させれば，社会科学はさらに発展しうるのではないかと考えています。集団の虚記憶を利用する方法がベストとは限らず，他によい測定方法もあるでしょう。現在試みられている測定方法について簡単に紹介します。

　個人の知識構造を実験的にとらえる試みとしては，潜在連合テスト（IAT: Implicit Association Test）を用いる方法が社会心理学では標準化された手法です。ポジティブな評価とネガティブな評価に結びつけられたカテゴリーを組み合わせて提示すると，評価とカテゴリーのつながりが強固に形成されているほど，評価のうえで矛盾したカテゴリー判断が遅れる現象を利用しています（Greenwald, Nosek, & Banaji, 2003）。このような方法で個人の知識構造はかなり精密に測定することが可能です。一方，共有知識構造は相互作用による変動が激しいために，測定するのが困難と考えられ，おもに事例研究的手法が用いられてきました。たとえば，古くからある象徴的相互作用理論やエスノメソドロジー（Garfinkel, 1967/ 山田他訳, 2004）研究では，個々の会話場面において，相互作用により解釈を共有していくプロセスが検討されています。

　しかし，実験心理学でも共有認知の問題が見過ごされてきたわけではありません。認知心理学における協調学習の研究では，通常の解法を適用せずに新しい解法を発見させる洞察課題が用いられています。たとえば，協同注意を課題に向けることができるか，ステップごとに正誤判断ができるか，などの課題の特性が，成績を変化させる結果が報告されています。シュヴァルツ（Schwartz, 1995）はギアの動き方を解く課題を用いて，個人ではイメージを絵に描いて解こうとするのに対して，ペアで課題に取り組むと，より抽象度が高い概念図を用いる傾向を見いだしています。この他者に伝えるための表象の組み合わせが共有知識構造になると考えられます。共有知識構造の中で問題を操作しようと

するときには，イメージを表象に変換させる必要があることが示唆されます。

　組織心理学のチーム研究（Mathieu, Heffner, Goodwin, Salas, & Cannon-Bowers, 2000）では，ハッチンズらの分散認知研究の流れを受けた共有メンタルモデルの研究が行われています。共有メンタルモデルは，メンバーに分散された知識や他のメンバーの思考を予期する暗黙の協調によって共有されます。共有メンタルモデルを測定するためには，技能課題を用いて情報の構造化と共有部分を探る方法がとられます。たとえば，2 人組でビデオゲームなどを行いながら学習したルールをマッピングしていく方法などがあります（DeChurch & Mesmer-Magnus, 2010; Schuelke, Day, McEntire, Boatman, Boatman, Kowollik, & Wang, 2009）。技能課題の場合，メンタルモデルは視覚的イメージの共有に大きく依存しますので，この面の制約は，近年の Web 技術により解決できる可能性があります。一方，本書で扱うような討議場面では，各個人が持つ知識構造がベースとなるので，その摺り合わせ作業から行う必要があります。

　このように，共有知識構造の概念は，社会的表象研究と，社会的共有認知研究（Thompson & Fine, 1999）のどちらの用語でも記述することが可能です。ただし，前者に近い社会的構成主義では，実験結果を普遍的なものと考える心理学の研究枠組みに対して批判的な立場が取られており，その背景には大きな思想的な差異があります。本書は，この溝を乗り越えようとする 1 つの試みでもあります。

●● 何が共有されているのか

　私の考えるところでは，この領域の研究におけるもっともシリアスな問題は，情報を共有するのか，認知を共有するのか，そのどちらなのかを明確に定義できないところにあります。すなわち，情報は個人を離れて存在すると仮定するか，あるいは個人の認知の中だけに存在するものと考えるかという問題です。心理学では表象は個人の認知内にのみ存在するものと考えており，それが心理学と社会学の 1 つの分水嶺になります。ところが，心理学においても情報処理的な考え方をする際には，情報は変化しないという暗黙裏の前提が置かれています。しかし，情報（信号検出）とその対極にあるランダム性は，どこまで認

識可能かという認識主体に依存する概念です。

　この問題には客体的認知と主体的認知がかかわっており，真正面から解決することはできません。そこで本書では，個人を超えた自律的なパターンが共有知識構造に観察されるかどうかという問題として考えてみます。それは何も特別なことではなく，エスカレーターで右に並ぶか左に並ぶかのように，単純な群衆行動によく観察されることです。共有知識構造に自律的パターンがあれば，構造の変化のパターンとして現れるでしょう。しかし，情報が勝手に「動く」ことは仮定できませんので，まずは極端化という現象が，一定の条件下で変化するかについて探ってみたいと思います。

　次章の実験の目的は，反極化現象が生じる条件を見つけることです。反極化現象とは，初期平均値傾向とは逆方向に態度が変化することです。本章の実験でも，多様性が低い条件において反極化現象が示唆されていました〈実験2〉。集団が文脈の共有に失敗したときは，変化量は個人差に相殺されてゼロになるはずです。よって，集団の態度が逆方向に変化するときは，情報を解釈する文脈が変化していたと推測されます。集団に共有された文脈が一定のパターンで変化するようなら，個人を超えた共有知識構造の自律性が仮定できるかもしれません。

第3章 世論変動と社会の極化現象

「1999年7の月，空から恐怖の大王が来るだろう」

ある年代以上の人々にはおなじみのこのフレーズは，ノストラダムスが書き表した予言の書の一節とされるものです。ノストラダムスの大予言が流行った1970年代は，さまざまな終末思想が流行しました。オウム真理教の事件が起きたとき，事件を起こした彼らに対して，あの頃の中学生（私自身も当時は中学生でした）がそのまま大人になったような人たちだなあ，という印象を持ったことを思い出します。自ら終末を作りだそうとする人たちが出るほどまでに共有されていた世界の終わりのときを，大方の人々がどのように迎えたのかといえば……普通に過ごし，そして忘れ去りました。

社会がどのように世論を形成していくのかを検討する研究には，多数決ルールのような単純選好モデル，意見分布認知を媒介変数にする予期先行モデル，そして，選択行動の相互作用をモデル化するゲーム理論などがあります。さらに，近年はネットワーク理論による予測モデルがあります。たとえば，経済的バブルや暴動のように同調が一挙に広がる大規模なカスケード（雪崩）事象は，ネットワークを用いた数学的モデルにより記述が可能です。いずれの理論モデルも，社会において特定の選択や合意が広がる過程を見事に説明するものです。しかし，そうして社会に共有された概念の内容もいずれは変化します。ここでは従来の研究とは視点を変えて，特定の概念が拡大するプロセスではなく，概念の内容が変化するプロセスについて，集団過程の中からヒントを探します。

1 ··· 意見分布の認知

　意見分布に対する認知とは，平たく言えば，世の中の人がどう考えているかについての予想です。これは正確であったりなかったりします。たとえば，永田町の常識などという言葉が示すように，どうも政治家は，世論がわかっていないのではないかなあと感じるときがあります。政治家が，国民のみなさんはこう考えているはずだなどと言っているその認識がどこかずれてしまうとすれば，おそらく，日頃接している人々の意見分布がより広い母集団（世間）を代表する標本になっていないからでしょう。そのずれに気がつかないまま全体に当てはめてしまうと，正確ではない世論の認知になってしまいます。

　もっとも，永田町の住民でない，私たち一般人にしても同じようなもので，誰しも直接認識できる範囲に限界があり，多かれ少なかれ，ずれが生じます。そこで，マスメディアなどの情報に頼ることになります。そのマスメディアの発信者も1人ひとりは認識範囲に限界のある個人です。

　私たちは，意見分布の認知を行う際に，さまざまなバイアスを持っています。自分と同じ意見を持っている人の割合を過大に見積もる，フォールスコンセンサスと呼ばれるバイアス（Ross, Greene, & House, 1977），帰属認知の誤りにより他者の意図を読み誤る多元的無知（Miller & Nelson, 2002）などが知られています。バイアスのかかった意見分布の認知が共有されることにより，まちがった予測が実現することもあります。たとえば，バンドワゴン効果と呼ばれる効果は，いったんどちらかが優勢だと認知されると，勝ちそうな側の支持者が増えていく現象です。本当は多数者ではない人々の声が大きいと，幻想の世論に従う「沈黙のらせん」（Noelle-Neumann, 1991）と呼ばれる現象が起こりうるとも考察されています。「みんなはこう考えているだろう」とみんなで誤解することによって現実になる，予言の自己成就です。

　このように，意見分布の認知，ないしその変化の方向の予測が共有されることによって影響力が生まれます。これは個人から社会へ影響するボトムアップの影響過程です。一方，マスメディアの情報は，世の中で今何が問題になっているのかを知らせ，一般的他者の態度を代表するものと認知されます。世間の「常識」という共有知識構造を作る大きな情報源になっていると見てよいでし

ょう。これは，社会から個人へのトップダウンの影響の1つです。

　世論形成過程は，個人から社会に広がっていくボトムアップの影響と，社会から個人に及ぼされるトップダウンの影響の循環過程とみることが可能です。このどちらが先ともいえない循環過程の中で因果関係を追求するのは容易なことではありません。しかし，9.11米国同時多発テロや原発事故のように，大きな出来事の記憶が共有された契機を特定できるケースもあります。ノストラダムスの予言も時期が特定できる機会でした。

2 … 1999年にノストラダムス信念はどう変化したか

　ここでは，ノストラダムスの予言が当たると信じる考え方を，ノストラダムス信念と呼ぶことにします。実験には，128名の大学1回生のみなさんに参加していただきました。心理学の授業で6月と7月の2回に分けて調査を行い，2回目の調査では集団での話し合いをしていただいています。実験手続きを図3-1に示します。6月の時点では，ノストラダムスの予言について知っていることをできるだけ書き出してもらい，書いた文章の単語数を知識量の指標としました。典型的に出てきた単語は，「1999年7月に・天（空）から・落ちる（降りてくる）・世界（地球）が・滅亡する（破滅する）」で，これだけで5個となります。知識量が中央値（4単語）より多いか少ないかで，知識量高群と低群に分けられました。また，各討議集団内で同じ単語が記述されていた数を，討議集団の共有知識としてカウントしました。

　6月時点で質問紙調査を行い（図3-1の①），「今年のうちにノストラダムスの予言が実現する可能性はどのくらいあると思われますか」の項目を「実現確信度」の指標，「どのくらいの日本人が信じていますか」の項目を「母集団分布の認知」の指標としました。7月には6月時点の知識量高群・低群に分け，さらに，10分間のビデオメッセージを与える群と与えない群に分けました。ビデオメッセージはマスメディアからの影響を調べるために設定したもので，テレビ番組「特命リサーチ200X―1999年7月人類滅亡大予言は本当か？―」（日本テレビ，1999年2月28日放送）から編集して使用しました。その内容は，ノストラダムスと彼の予言を紹介したうえで，このような予言が当た

```
①6月初旬           A  ノストラダムス信念調査・知識量測定

         知識量  [高群] [低群]        [高群] [低群]

②7月中旬   条件   [ビデオメッセージあり]   [ビデオメッセージなし]

                 B      ノストラダムス信念調査
                                ↓
③                C            集団決定
```

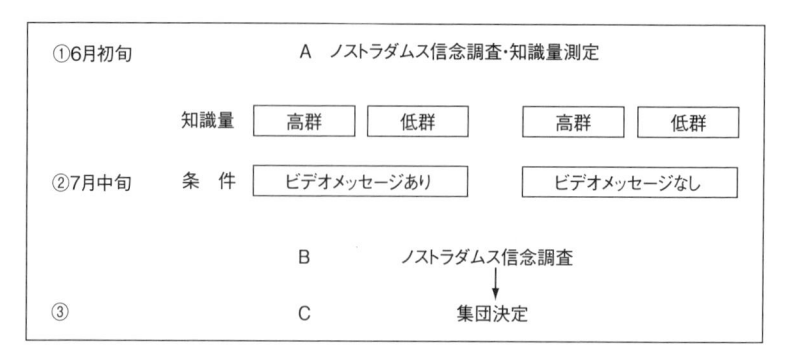

▌図3−1　ノストラダムス信念の実験手続き

った例はなく，当たると信じた人が騒動を起こすから信じてはいけない，というものです。例として，ナチスドイツがノストラダムスの予言を分析して戦争を拡大させた事例が取り上げられています。このビデオは予言が当たらないとしながらも，人為的な災害の起きる可能性を示唆していますので，受け取り方によっては当たるかもしれないともとれる，多義的なメッセージになっています。ビデオメッセージ条件を導入した後に，再度ノストラダムス信念の調査を行い（②），その後，同性4人の集団を構成して，ノストラダムスの予言の実現可能性について全員一致に達するまで討議が行われました（③）。討議後に，再度同じ質問紙調査を実施するとともに，討議中に得られた新しい情報を書き出していただいて，この単語数を新情報数としてカウントしました。

●● 知識量の効果

　事前知識量・マスメディア情報・集団討議によるノストラダムス信念の変化を示した結果が図3−2です。上段のグラフはビデオメッセージのなかった条件，下段のグラフは，ビデオメッセージが与えられた条件の結果です。グラフの右側が6月時点で知識量の高かった群，左側が知識量の低かった群です。まず，知識量とノストラダムス信念の関係から見てみましょう。6月時点では確信度に知識量による差はあまりありません。知識量の効果は，むしろ6月から7月への変動の大きさの違いに見て取ることができます。7月になると，知識量の高い群は信じない方向に変化しています。集団で話し合った後に，さらに

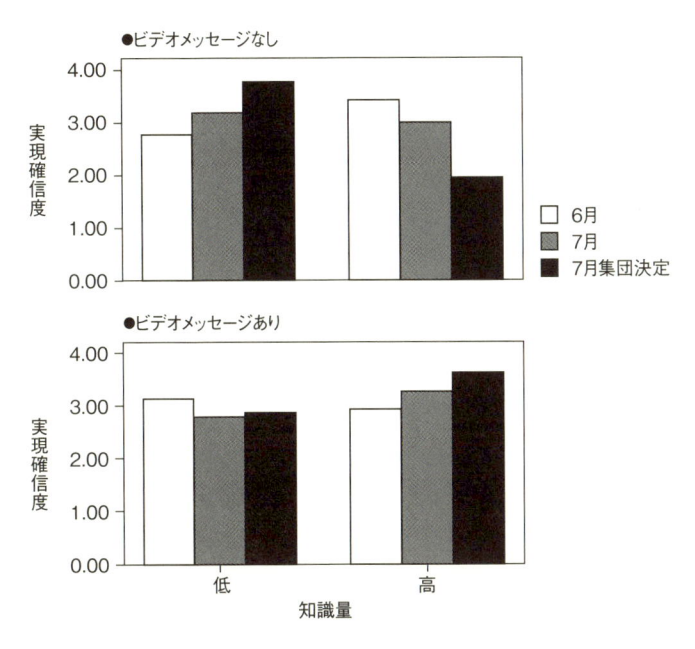

▎図3-2 ノストラダムス信念の個人・集団シフト

低下しています。一方，6月で知識量の低かった群は，7月になると信じる方向に変化して，集団討議の結果，さらに信じるようになっています。集団討議は，時系列の変化の差分を拡大する効果があることがわかります。

●● ビデオメッセージの効果

マスメディア情報はどのように受け止められたでしょうか。図3-2を見ると，知識量の高低でビデオメッセージの効果が逆転しています。知識量の高い群では，ビデオメッセージがなければ信じない方向に態度が変化していたのに，ビデオメッセージを聞いた群では信じる方向に変化しています。一方，知識量の低い群は，ビデオメッセージがなければ信じる方向に変化していたのに比べて，ビデオメッセージを聞いた群では信じない方向に変化しています。どうやら，知識量の低い群は，信じてはいけないというメッセージをそのまま受け取ったのに対して，知識量の高い群は，信じた人が争乱を起こしかねないと解釈

したようです。その後の集団討議で、さらにこの変化が拡大しています。集団討議は、情報量の差分を拡大する効果があることがわかります。

●● 集団討議の効果

集団討議による態度の極端化は、基本的に6月から7月への態度変化をさらに拡大させる方向に働いています。討議中に得られた新しい情報を討議後に書き出してもらった結果、知識量が低かった群の方が多くの新しい情報を得ていました。一方、討議集団に共有されていた知識が多いほど、非共有知識の産出量が抑制された結果、ノストラダムス信念は、信じない方向に態度が変化しています。共有知識構造があっても、情報量が増えない限り態度は極化しないことがわかります。パス解析を行ったところ（図3-3）集団内からどれだけ新しい情報が得られたかによって、母集団の意見分布の認知が変化し、その意見分布の認知がノストラダム信念を強める因果関係が示唆されました。一方、事前の実現確信度が強いほど、集団討議によって逆方向に態度が反転するマイナスの影響が見られています。

討議中に新しく得られた情報が多い場合は集団極化が起こり、少ない場合は

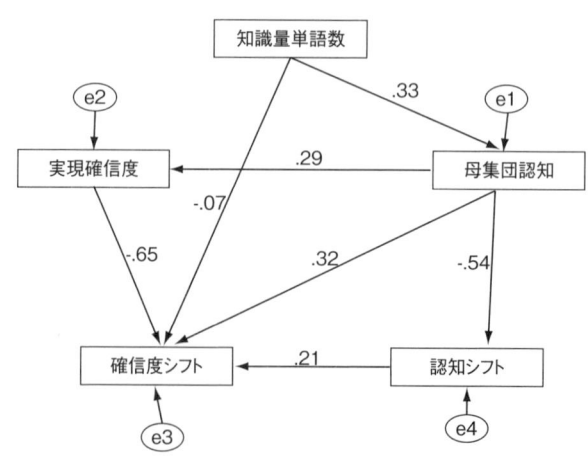

▇ 図3-3 ノストラダムス実験のパス解析結果

態度の反転が見られました。ノストラダムス予言をよく知っていた人たちは，7月になっても何も起こりそうにないので信じなくなったのに対して，ノストラダムス予言について知らなかった人たちは，新しく知識を得ることで信じるようになったのだと推察されます。これらの結果から，態度の転換期には次のような変化のプロセスが考察されます。メディアから新しい情報が出ると，それまでの知識によって異なる解釈が行われて文脈に沿った極端化を進める要因になります。しかし，新しい情報が得られなくなってくると，知識量の多い人から態度の反転が起こります。その一方で，一歩遅れで新しく知識を得ることで極端化がはじまる人々もいます。集団で話し合うと，この態度変化の方向が共有されてさらに増幅して現れることになります。個人の時間的変動にも集団相互作用による極化現象にも，平均回帰の「波」と極化の「波」の双方が存在しており，知識量の差によって，時間差をもってこれらの波が動くようです。

●● 知識構造と社会変動

ノストラダムス信念の変化から見えるものは，知識量の差によって波状に態度が変動していく過程です。おそらくそれは，マジョリティorマイノリティや，知識量の高低という2分法で分けられるものではなく，共有知識構造を共有する塊ごとに変動しているのではないかと推測されます。

普及過程の理論では，人よりも先んじていたいアーリーアダプターと，人と同じでありたいアーリーマジョリティの間に質的な差異があると論じられています。社会全体に同一の文脈が共有されている状況であれば，この分類が有効ですが，知識構造を共有する人々の塊ごとに情報を読み取る文脈が異なる場合は，自分がアーリーかどうかの差異は感じていない可能性があります。広域に文脈が共有されている場合にのみ，知識構造の塊ごとの変動の小さな波とは別のレベルに，全体の世論変動の波が現れるのでしょう。

集団極化現象は，知識構造が共有され，その文脈に沿う情報が増加するときに起こると考えられます。ノストラダムス予言のように明確に当たらなかった証拠が共有されたときは勝手に終息しますが，根拠がないまま持続する信念もあります。共有された知識によるバイアスが集団によって増幅され，その増幅分が共有知識構造に組み込まれていく循環過程が延々と続くのであれば，社会

は極端化する一方になってしまいます。この態度変容の方向が変わる可能性があるとすれば，情報が変化するか，あるいは，情報の意味を読み取る文脈が変化したときでしょう。この問題をまず，集団の創造性という観点から検討してみます。

3 ... 集団の創造性

創造性やイノベーションは，ビジネス場面で人気のある概念です。たとえばAppleやGoogleのように次々と新しいアイディアを出す集団のイメージでしょうか。創造性の高さには，いくつかの要素が考えられますが，なかでも重要になるものが，文脈を変化させる力です。

たとえば，集団で一緒にクイズを解くような洞察課題を考えてみましょう。洞察課題を解くためには，ひらめきや発想の転換，すなわち，知識構造の中の情報のつなぎ方を変えるという再構成が必要になります。このような洞察問題を解くことは，個人にとっても難しいことです。私たちは，じっくり考える必要のないことについては，よく考えずに妥当な確率の高い情報をさっさと選ぶ傾向があります。これは，認知処理能力をオーバーフローさせずに生きていくための適応であり，人間の「賢さ」の1つです。しかし，通常なら適応的に働く「賢さ」が，情報のつなぎ替えをしなければならない洞察問題に対しては障害になります。個人にとっても難しいことですから，文脈の変化を同時に共有しなければならない集団にとってはさらに難しい作業となります。この認知的制約条件をいかに乗り越えて，新しい解決法を見いだせるかが，創造性研究において検討されている課題です。

集団が洞察問題を解くために必要となるものは協同行為です。レッパー（Lepper & Whitmore, 2000）によれば，協同とは，成果を個人に帰することができないような創発的プロセスを含む集団の相互作用とされています。

●● 協同行為

協同には以下の3つのプロセスが存在すると考えています。
①相互作用における協同注意（場の共有）

②成員間に分散した情報の集約・知識構造への統合
③問題解決方略を発見する認知・推論過程

　まず，メンバーは，同じ課題に注意を払っているという，協同注意の感覚を得ることで，会話や動作の同期が生まれます（①）。そして，得られた情報の共有性を言葉や視線で確認しながら，共有知識構造に蓄積します（②）。情報は，課題から与えられていたものだけではなく，集団が新しい情報を創出する場合もあります。とはいえ，空中から出てくるわけではなく，1人で考えていたら思いつかないようなことが，互いに刺激を与え合うことにより思い出しやすくなる効果によるものです。そして最後に，情報と情報の新しい関連性を発見する知識構造の再編成が必要です（③）。文脈を共有しなければコミュニケーションができない集団にとっては，最後のプロセスが困難なものになります。

　個人と集団の成績を比較した実験の一般的な結果として，集団として課題に取り組んだときの成績は，メンバーの平均よりはよいが，ベストメンバー（集団の中でもっとも成績がよかった人）の成績には達しないことが知られています。もっとも，ベストメンバーに勝る成績を上げた集団の実験結果（Laughlin, Hatch, Silver, & Boh, 2006）も少数ではあれ，存在します。集団が個人よりも高い成績を上げやすいのは，多様な観点を必要とする複雑な課題であり，かつ，正解に達したときにそれがわかるような課題です。最近では，Foldit というアミノ酸構造を解析するネット上の 3D パズルゲームがそのよい例になります。このような特殊な課題であれば，個人よりも多くの観点からトライアル＆エラーを繰り返すことによる数の効果が現れます。

　しかし，シュトラッサーら（Stasser & Birchmeier, 2003）は集団のイノベーション（革新現象）に関する考察において，集団が乗り越えなければならないハードルは大きいと強調しています。ハードルは，おもに，個人のバイアスが集団によって強調される効果に由来するものです。共有知識効果から示唆されるように，最初に共有情報を読んだだけでも，共有知識の優位性が現れ（Greitemeyer & Schulz-Hardt, 2003），さらにそれが他者によって与えられることで態度が極端化するからです（Brauer, Judd, & Gliner, 1995）。自分の考えを支持する情報に好んで接触する確証バイアスも，集団の均質性が高いほど

その傾向が強くなることが示されています（Schulz-Hardt, Dieter, Carsten, & Moscovici, 2000; Greitemeyer & Schulz-Hardt, 2003）。

　こういった研究結果を考えると，正解のない集団討議において，集団から新たな文脈が創発的に共有される可能性は低いと考えざるをえません。しかし1つだけ文脈が変化しやすい状況があります。それは，メンバー間の共有知識の摺り合わせに失敗したときです。次に，合意に失敗した集団について検討した探索的な研究結果を報告します。

▶4 … 集団が合意に失敗するとき〈合意確率実験1〉

　集団討議の実験をしてみると，すんなり合意できる集団もあれば，時間内に合意に達することができない集団もあります。合意できない理由にはいろいろあります（意見が違う，相手が気にくわないなど）が，共有知識構造の摺り合わせに失敗している場合は，相手の考えている常識は私の常識ではない，という感覚になります。そこでまず，母集団の意見分布の認知を操作して，集団の初期平均値傾向と齟齬があれば合意しにくくなるかどうかを検討してみました。素朴な予測としては，討議メンバー間の意見の差が大きいほど，合意しにくくなるはずですが，それ以外の要因として，母集団の意見分布の認知も合意確率に影響するかどうかを見るのが実験の目的です。合意確率とは，実験中に合意に達することのできた集団の割合です。本書では，時間内に合意できなかった集団を非合意集団と呼ぶことにします。

●● 母集団分布の認知が合意確率に及ぼす影響

　実験に参加していただいたのは，156名の大学生です。政党に対する態度項目を討議課題として，「若者に保守傾向が広がっている」と教示する保守化条件と，「若者に革新傾向が広がっている」と教示する革新化条件を設定しました。この教示によって母集団分布の認知を操作しています。

　態度項目は，アンチ野党項目とアンチ与党項目です。「与党はこれだからだめなんだ」「野党はこれだからいけないね」というような意見にどれだけ賛成するかです。初期平均値傾向は，アンチ与党・野党とも賛成の方向でした。ど

ちらの政党も支持しません，というわけです。この実験を行ったのはずいぶん前でまだ自民党が政権を担っていたころなのですが，いつの世もさして変わらず，みなさん政治に否定的です。ややこしいので，以下では，アンチ野党を与党支持，アンチ与党を野党支持，と呼ぶことにします。討議前平均点から初期平均値傾向をみると，野党支持得点の方が高く，自民党に対してより厳しい態度でした。討議後にはこの初期平均値傾向に従った野党支持方向への極化現象が見られています。分析に際しては，討議集団ごとに平均値と分散値を出して指標としました。集団単位で動くデータのため，これは統計上必要な処理です。

　合意確率に対するロジスティック回帰分析を行ったところ，Q8の分散と条件との間に有意な交互効果が見られました。その結果を図3－4に示します。10項目から1項目だけ取り出すのは統計上よくないので補助データになります。10項目同時に話し合うと1つの対立軸が作られていくのですが，最終的に合意できるかどうかは特定の2，3項目に合意できるかどうかにしぼられてきます。この実験ではその合意できるかどうかのポイントがQ8にあったようです。Q8の項目内容は「（当時の）野党は，宗教やイデオロギー団体を支持基盤にしているから公平でない」というものです。

　図3－4は高いほど合意できなかったことを示す図です。革新化条件では分散が高いと非合意確率が上がるのに対して，保守化条件では分散が高いと非合意確率が低下しています。集団内の意見の差が大きいほど合意しにくい，という素朴な予測は，集団のもとの平均値傾向（革新）と教示された平均値傾向が合致している場合にのみ見られるもので，合致しない平均値傾向が教示された場合は，むしろ意見の差が大きいほど合意しやすくなっています。

　図3－5に討議前後の態度変化量を示します。縦軸は，野党支持方向への態度変化です。実験の結果，母集団分布の認知を操作した条件と，集団内の意見分散の間に，統計的に有意な交互効果が見られました。討議内の意見のばらつきが大きかった集団は，若者は革新的と教示されると教示された野党支持方向に態度が変化しています。

　合意確率の結果と態度変化の結果を合わせると，なかなか興味深い関係が示唆されます。態度の極端化は，集団内に意見のばらつきがあり，かつ，集団の傾向が母集団の傾向と一致している場合に見られます。これは，過去の研究と

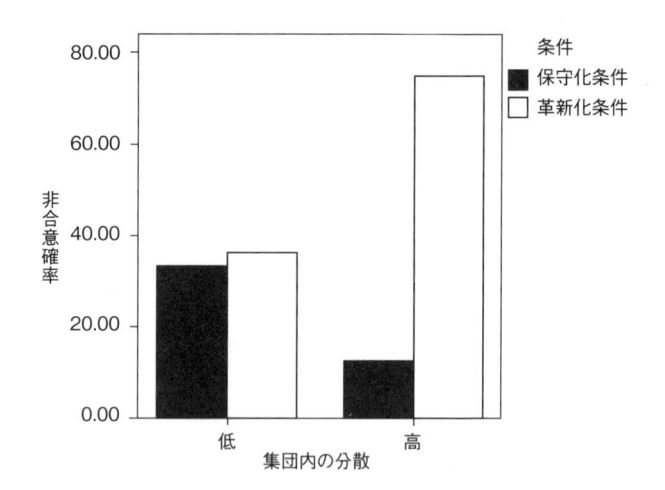

図3-4　保守・革新傾向を教示されることによる合意確率の変化

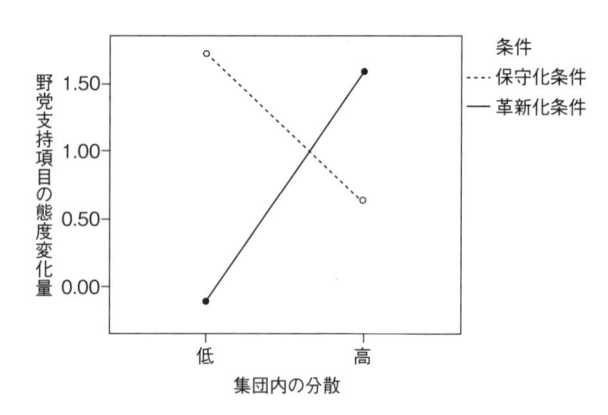

図3-5　野党支持項目の態度変化量に及ぼす条件効果

も一致している結果です。一方で，集団内の意見のばらつきが低くても，集団の傾向が母集団の傾向と不一致が認知されると態度が極端化しています。すなわち，態度の極端化は，集団内に意見が一致していないか，あるいは，集団と母集団の間に不一致が認知されるようなコンフリクティブな討論の中に起こることが示唆されます。

5 … コンフリクトによる態度変容

合意に失敗した集団は，どのような態度変容を起こすでしょうか。20世紀に起きたソビエト連邦の崩壊，日本で繰り返し起こった政党の分裂など，私たちは，社会の中で起きたコンフリクト（争い・不同意）とその結果を目にしてきました。このような大規模なものでなくても，私たちは日常的に社会や集団のコンフリクトを見聞きすることができます。経験的な観察では，顕在的なコンフリクトが起きた集団は，少なくとももとのままの集団であり続けることはないようです。

●● 従来の研究結果

集団過程研究の文脈で，合意に達することができなかった集団には，どのような態度変化が起こるのかについては，一貫した結果がありません。個人によってばらばらに変化するのであれば，誤差が相殺される効果によって，母集団レベルでは態度は変化しないはずです。しかし，通常の集団極化現象とは異なる方向への態度変化が見られたのであれば，新しい文脈が共有されたと推測されます。どのような変化が見いだされるのか，まずは過去の研究から探ってみます。過去の文献によれば，非合意集団には少なくとも次に示す4つのパターンが示されています。

①**極化現象（Polarization）**

初期平均値傾向の方向に態度がより極端になる現象です。すなわち，非合意集団においても合意集団と同じ極化現象が起こると予測するものです。モスコヴィッシら（Moscovici & Doise, 1994）は，合意集団の集団極化現象からして同調からではなくコンフリクトから起こるものであると論じています。その論

拠となるのは，討議集団内の分散が大きいほど極化が大きくなる，あるいは討議が活発になるほど極化が大きくなる実験結果です。この論議に従えば，集団内にコンフリクトが生じた場合には通常の合意集団よりもさらに強い態度の極化が見いだされることが予測されます。

②平準化現象（Normalization）

討議集団が話し合う前の平均値に収束することです。平準化の例としては，たとえば日本の政治的状況があるかもしれません。政党内部のコンフリクトによってさまざまな新党が出てきましたが，分裂するほどに違いがよくわからない政党になっていました。ヴィノカーら（Vinokur & Burnstein, 1978）は，異なる意見のグループを併合して話し合わせた場合，態度の平準化が起こることを見いだしています。ラムら（Lamm & Myers, 1978）のレビューでも，集団が合意に達することができなかった場合は極化が弱まるとしています。さらに，ヒンツら（Hinsz, Tindale, & Vollrath, 1997）は，集団過程はその集団の特徴を強調する方向に働くが，共有性のない特徴については，集団になることでその傾向が希薄化されると示唆しています。これらの記述はコンフリクトの結果として，平均値への回帰，すなわち平準化現象を予測するものです。

③反極化現象（Depolarization）

初期平均値傾向とは逆方向に意見が集約しつつ移行することです。政治的な混乱がきっかけとなって，共産主義から資本主義に変化するように，考え方が逆方向にドラスティックに変化するような場合です。

この現象が集団極化研究の文脈で報告された例（Spears, Lea, & Lee, 1990; Stephenson & Brotherton, 1975）は少数ではありますが，存在します。さらに，少数者影響過程の研究（Moscovici, Lage, & Naffrechoux, 1969; Moscovici, Mucchi-Faina, & Maass, 1994）も，多数者が少数者に影響されて態度が反転する，反極化現象の可能性を示唆しています。

④両極化現象（Bipolarization）

集団が2つの両極端な意見に分裂する現象です。紛争に関する私たちの一般的イメージはこの両極化です。たとえば，地域的に，あるいは人種的に近いが，宗教や民族が異なるグループの間で，互いの違いを強調しあうコンフリクトのエスカレーションが見受けられることがあります（Roccas, Klar, & Liviatan,

2006)。

　両極化現象は，コンフリクトの結果としてはイメージしやすいのですが，事例はあっても，討議を用いた実験ではあまり見いだされていません。その数少ない実験例が，ペシュレ（Paicheler, 1976）によるものです。ペシュレは，強固に反対し続けるサクラがいると，集団はサクラの唱導方向とは逆方向に態度を硬化させるという実験結果を示しています。

●● コンフリクトのレベル

　このように，集団討議という場面に限ってもコンフリクトの結果はばらばらで一貫性がありません。おそらく，それぞれの現象の背後には，まだ検討されていない別のコントロール要因があるのでしょう。それぞれの状況に，どのような要因が働いていたのか，文献から考えてみます。

　まず，ペシュレのサクラも，少数者影響実験のサクラも，多数者に対して一貫して最後まで妥協しない少数者の立場を貫きます。にもかかわらず，ペシュレの実験では両極化が見られるのに対して，少数者影響実験では反極化が引き起こされます。この矛盾する結果に関して当時も問題になっていたのか，少数者実験研究を行っていたマグニー（Mugny, 1979）が検討を行い，ペシュレの実験結果は，少数者の態度の柔軟性が結果の違いをもたらしたのではないかと示唆しています。

　態度の柔軟性は曖昧な概念なので，本書では，コンフリクトの潜在性・顕在性の要因として考えます。意見の違いはあっても互いに説得しない状態を潜在的コンフリクト，意見の違いを互いに説得しようとする状態を顕在的コンフリクトとします。ペシュレのサクラは多数者と討論を行い，最後まで意見を曲げないため，典型的な顕在的コンフリクト状態です。一方，少数者実験では，単に意見表明をするだけで多数者と討論をしないので，潜在的コンフリクト状態です。平準化が見られたヴィノカーらの実験の場合は，最初は意見が異なっていますが，最終的に全員一致に達しているので，顕在的コンフリクトが収まった状態です。よって，両極化が生じるのは，コンフリクトが顕在化している間だけではないかという仮説が導かれます。では，彼らとは考えが違う，合意できない，と感じさせるクリティカルな要件は何でしょうか。1つの可能性は，

社会的カテゴリーが同じであったかどうかです。「フェミニスト」だとか「女嫌い」だとか互いに名前をつけ合うカテゴリーが存在する場合は，お互いに理解不能な相手と考えやすくなるでしょう。この点について検討した実験を次に報告します（Arima, 1994, 1996; 有馬，1994, 2000）。

6 ⋯ 非合意集団に両極化現象は起こるか〈合意確率実験2〉

　意見が2つに分かれた集団に名前をつけてカテゴリー化をすれば，集団の態度は両極化するでしょうか。実験をしてみました。

　大学生109名，短大生109名に，架空の政党のどちらを支持するか決めるための討議をしてもらいました。分析は，集団単位で行われています。討議課題は，5項目の政治的アジェンダです。架空政党の名前として，リベラル新党と保守新党というカテゴリー名を作りました。討議課題は下記の5項目です。1から7の7段階の選択肢で，1に近い方が保守新党，7に近い方がリベラル新党の政策としました。

【討議課題】
Q1　原子力発電所への依存率を低める（7）－高める（1）
Q2　米軍基地をすべて撤退（7）－自衛隊が米軍とともに海外派兵することを認める（1）
Q3　消費税の廃止（7）－所得税を廃止しすべて消費税にする（1）
Q4　国内産業保護優先（7）－自由貿易優先（1）
Q5　介護費用の全額公的負担（7）－全額自己負担（1）

　これらの5項目について賛成反対の個人決定をしてから，クラス全体の平均値の予測をしてもらいました。クラス全体の平均値予測を，討議前予測と呼ぶことにします。各集団は各項目について討議するとともに，リベラル新党と保守新党の，どちらの政党を支持するか決めるように教示されます。討議時間の制限は60分です。終了15分前に，全員一致に達することができない討議集団は，意見を2つにまとめ，それぞれの分派が支持する政党を決めるように求められ

ました。これらの討議が終了した後，討議後個人決定と，クラス全体の平均値と，リベラル新党支持者と保守新党支持者の平均的値の予測を求めました。支持政党を1つとして集団決定用紙に記入した集団を合意集団，支持政党を2つに分けて集団決定用紙に記入した集団を非合意集団とします。

初期平均値傾向は，討議前の平均値も，討議前のクラス平均点の予測も4点以上であり，リベラル新党の方向でした。しかし，態度変化の方向は，全体として保守方向に逆転する反極化現象が見られました。

●● 両極化現象は起こらない

さて，両極化現象は起きたでしょうか。討議の結果，意見を1つにまとめた集団も，意見を2つに分けた集団も，討議集団内の意見のばらつきは少なくなりました。つまり，党名というカテゴリーを与えられ，顕在的コンフリクト状態のまま非合意に終わった集団においても，両極化現象は起きていません。どうやら，ペシュレの実験はかなり特殊な状況だったようで，自然な討議集団でコミュニケーションが持続している限りは，合意できなかったとしても，意見は収束していくようです。第6章で示しますが，両極化現象が起こる条件は，カテゴリー名が与えられ，かつコミュニケーションが断絶している集団間と考えられます。

本章の実験1では全体として極化が見られたのに対して，実験2では全体として反極化が見られました。その理由は，使われた質問紙の尺度の違いではないかと解釈しています。実験1の質問紙は，アンチ与党項目もアンチ野党項目も，どっちの政党もだめだなあ，と思わせるような内容で，初期平均値はどちらの政党もだめということに賛成の方向でした。一方で，実験2では，同じ項目の両極に保守と革新を対立させる尺度にしたので，どちらにも賛成というわけにはいきません。おそらく，この尺度の設定により，実験2の項目の方が，コンフリクティブである（論争的である）と認識されたのでしょう。この実験だけで結論はつけられませんが，コンフリクティブな対立軸に共有知識構造が組み直されることが，反極化現象が起こりうる第1の要件ではないかと考えられます。

●● 合意確率

　討議前の態度の平均値と，予測されたクラス平均値の差の検定を行ったところ，Q3についてのみ，有意な差が見いだされました。自分の決定よりもリベラル新党方向（消費税廃止方向）の平均値傾向が予測されており，自分は消費税も仕方がないと思っているが，他の人は反対するだろうと予測しています。討議集団が合意できる確率は，この項目において，もっとも低くなっていました。実験1と同じく，自分の考えと母集団の考えにずれが認知されると合意しにくくなるようです。

　討議後にも，与党支持者と野党支持者の平均点を予測してもらっています。この差，すなわち内集団と外集団の意見の差異の認知と合意確率の間に，おもしろい関係が見られました。図3-6に示します。意見のばらつきが大きい集団では，与党支持者と野党支持者の差を小さく感じていた集団の方が合意しやすいのですが，意見のばらつきが小さい集団では，与野党の違いを大きく感じていた集団の方が合意しやすいのです。合意するためには一定の差異が必要であり，集団内の意見の差異が少ない場合は，集団間の差異の認知によって補われるようです。

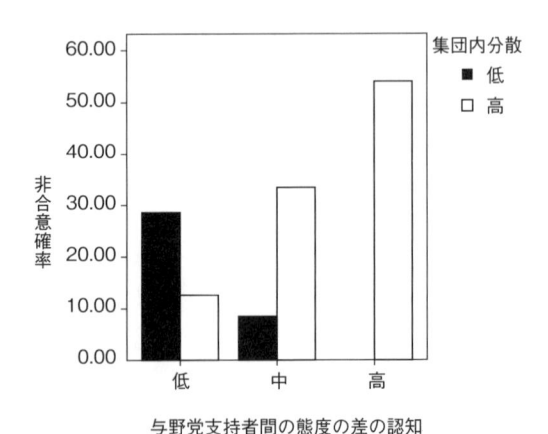

▎図3-6　内外集団差の認知と合意の確率

7 ⋯ 非合意集団の反極化現象〈合意確率実験3〉

　集団が合意できるかどうかには，集団内の意見の差異だけではなく，集団間の差異も影響するという結果は，直感的に信じにくいものです。そこで，この仮説をサポートする結果をもう1つ示しておきます（Arima, 2012）。次の実験は，第1章と同じ女性の働き方についての項目を用いて，女子短大生，病院の看護師，地域社会における女性のリーダーシップ講座を受講された成人女性，計269名の女性に参加していただきました。手続きは第1章と同じで，データ全体の初期平均値傾向は，仕事志向の方向でした。

●● 合意確率

　合意確率を図3-7に示します。こちらは高いほど合意できた確率になっています。合意確率に対して集団の平均と分散に統計的に有意な交互効果が得られました。集団の平均値が全体の初期平均値傾向に合致していた集団（仕事志向の強い群，グラフでは平均値の高い群）については，集団内の意見のばらつきが高いと合意しにくいという素直な結果ですが，全体と合致しない初期平均値傾向を持っていた集団（家庭志向の強い群：グラフでは平均値の低い群）については，集団内の意見のばらつきにかかわらず合意しにくい結果が現れています。この結果は，合意確率実験1（図3-4）と一貫しています。

●● 態度変化量

　集団の態度変化量を，集団単位で分析した結果を図3-8に示します。集団が極化する方向は，小集団の初期平均値傾向と一致してあり，平均が高ければ＋方向に，低ければ－方向に態度が変化しています。ただし，集団内の分散が高いときのみに有意な極化現象が見られます。

　この変化量を，合意集団と非合意集団で比較したものが図3-9です。上のグラフが合意集団，下のグラフが非合意集団です。合意集団では集団の平均値に従った素直な極化が見られるのですが，非合意集団では，集団の平均値ではなく，分散によって極化の方向がコントロールされており，分散が高い場合には平準化が見られ，分散が低い場合は反極化現象が見られます。意見のばらつ

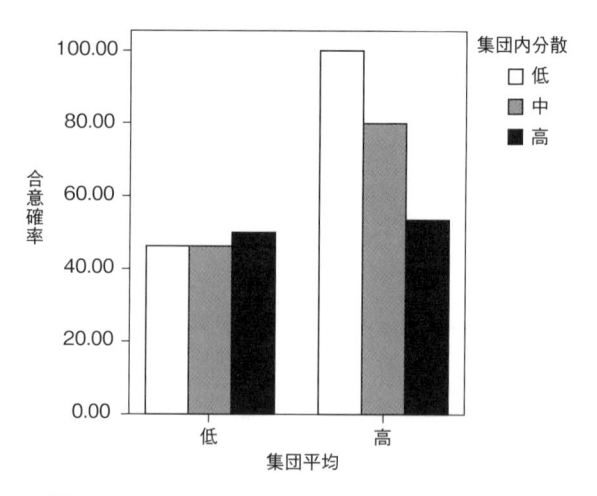

▧ 図3-7　各集団の平均・分散が合意確率に及ぼす影響

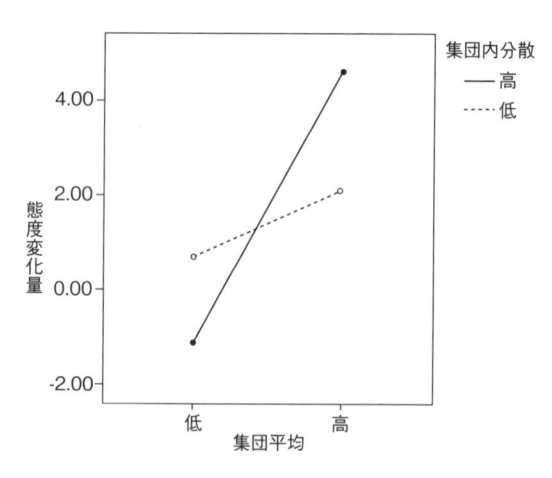

▧ 図3-8　集団平均と集団分散が態度変化量に及ぼす影響

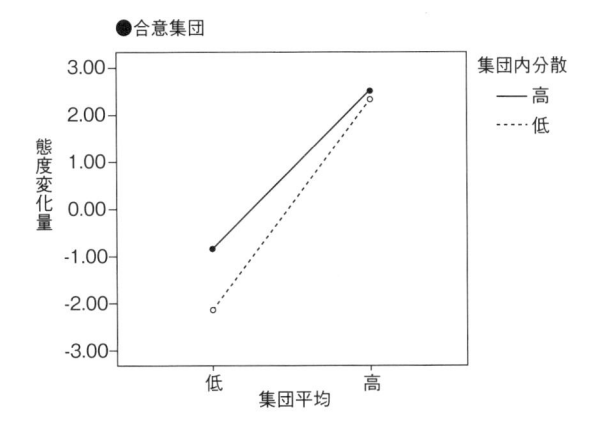

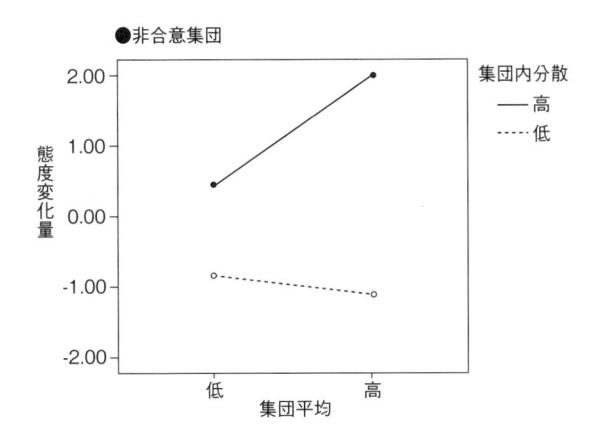

▲ 図3－9　合意集団と非合意集団における態度変化量

きが小さい状態でコンフリクトが起こると他者との差異が必要とされるために，初期平均値傾向と逆行する方向に態度が変化するようです。

●● 集団内分散と集団平均の変動

実験1・2では，合意確率が集団内分散と集団間分散によって調整されることが示されていました。実験3ではこの関係がどのように見られるかを探索的に分析してみました。

図3-10の上のグラフは，討議前の平均値を横軸に，分散を縦軸において各集団の位置をプロットしたものです。下のグラフは，討議後の位置です。白丸は合意できた集団，黒丸は合意できなかった集団です。討議前の黒丸を見ると，平均値が低くて分散が高めのエリアに集まっていますが，討議後には集団内分散が低いエリアに移動しつつ，集団間の分散は横に広がっていることがわかります。結果として全体の分散はほとんど変わりません。
　この3つの実験を通じて，次のような結果が示されました。まず，コンフリクトの結果として，もっとも直感的に思いつきやすい両極化現象は自然な討議には起こらないようです。討議結果が非合意に終わった集団でも，討議後の意見のばらつきは討議前より小さくなるからです。それは，実験2のように，互いに異なる集団の名前をつけた場合でも同じでした。集団は，コミュニケーションを取っている限りは共有知識構造を作ろうとする結果，似た態度を持つようになります。両極化が起こるとすれば，コミュニケーションを取れない集団間の場合です。この状況については，第6章で検討します。
　非合意集団の中では意見は収束しつつ，もとの平均値に留まる平準化現象か，あるいはもとの平均値傾向とは逆方向に態度が変化する反極化現象が見られました。そのいずれになるかは，討議前の意見のばらつきによってコントロールされています。意見の差異が小さいにもかかわらず合意できなかった集団は態度が反転して逆方向に向かいます。
　合意できた集団を見ている限りでは，世論は限りなく極端化していき，同調によって均質化していくはずのように思えます。しかし，そうではありません。図3-10に見られるように，討議によって集団内の意見の差は小さくなるのですが，集団の間の差が大きくなるために，全体としてのばらつきは変化しません。平均値においても，合意できなかった集団と合意した集団が交差する動きをするため，合意集団と非合意集団を合わせた全体としては平均もほとんど変化しません。共有知識構造には集団が合意できるかどうかの確率によって，集団内の差と，集団間の差を一定に保つ機能があるようです。

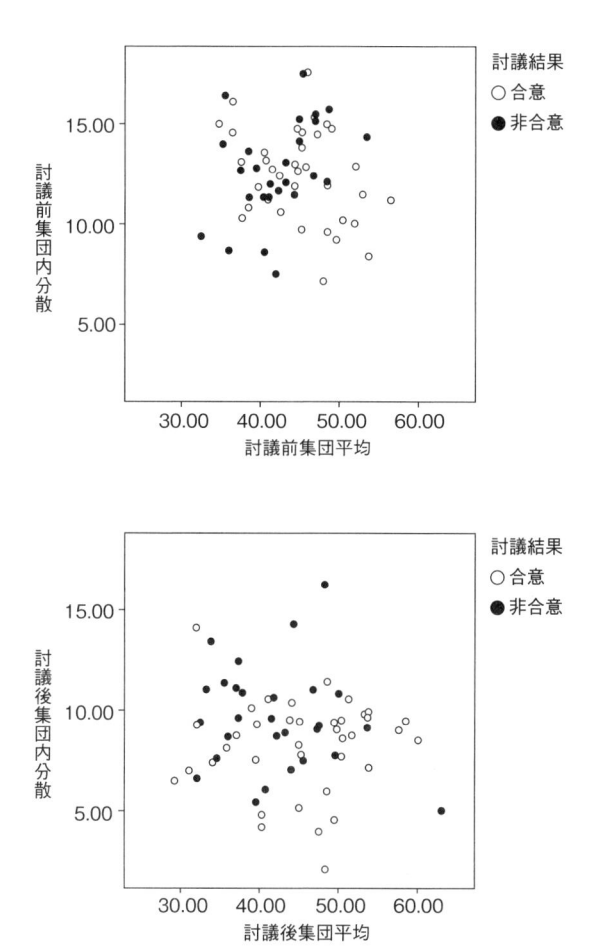

▌図3－10　合意集団と非合意集団の討議前後の動き

8 ··· 望ましいコンフリクトはありうるか

　本章の実験結果から，合意を得た集団が社会を極端化させる一方で，むしろ合意できなかった集団が社会を中庸に保つという，直感に反する結果が示されました。なぜなのでしょうか。
　コンフリクトには，確かに望ましい側面もあるようです。たとえば，すんな

り合意できるときよりも，合意できないときの方が，情報をより吟味して考えようとする傾向があります。たとえば，ポストメスら（Postmes, Spears, & Cihangir, 2001）は，合意規範と批判規範を集団に導入した実験を行った結果，非共有情報は批判的規範のもとで，よく吟味される結果を見いだしています。グライトメーヤーら（Greitemeyer, Schulz-Hardt, Brodbeck, & Frey, 2006）の実験では，非共有情報を見いだすには長時間の討議しかないこと，そのためには最初の選好の分散が必要であると考え，ディベートの役割を交代させる討議を行わせています。その結果，はたして非共有情報が取り上げられる確率は高くなっていました。このような研究から，意見の差異があり，かつ，合意が強制されていない状態の方が，より多くの情報を探索しようとすることがわかります。

集団間のコンフリクトは別ですが，集団内のコンフリクトは，互いに理解できるからこそ議論になるという側面があります。誰も意見を言わないような会議では，同調しているというよりは，他者の考えがよくわからないために意見を控えていることも多いのではないでしょうか。他者の考えが理解できると，それは違うんじゃないか，という意見を出すこともできます。これは，集団のメンバーが互いの異なる観点を出し合って共有知識構造を複雑化していく過程です。

モスコヴィッシら（Moscovici & Doise, 1994）は，集団極化現象が生じる条件として次の3項目をあげています。討議メンバーが討議に直接参加すること，討議集団内の意見の分散が大きいこと，そして，討議メンバーの自我関与度が高いことです。意見の差異はコンフリクトの先行要因にもなりますが，討議を活性化させメンバーの関与度を高める働きをします。これはウォーム・コミュニケーションと名づけられています。

モスコヴィッシの考えでは，コンフリクトはウォーム・コミュニケーションをもたらす望ましい状態ですが，この考え方は楽観的すぎる面もあるでしょう。グライトメイヤーらは，ディベートの役割を交代させると，非共有情報が取り上げられる確率は高くなるとしても，必ずしも討議の質には結びつかないことを示しています。モスコヴィッシとともにコンフリクトを研究したドワーズ（Doise, 1969）によれば，合意形成過程には情報の多様化と観点の収束が同

時に起きていることが示されています。ウォーム・コミュニケーションによって個人間の知識構造のずれが明らかになり，より多くの情報が吟味されるとしても，いずれは，賛成反対の単純な評価軸に収束させざるをえないからです。

●● 潜在的な態度

一昔前，スカートの長さは周期現象だといわれていました。流行によって長くなったり短くなったりを繰り返していたからです。現在は，スカートの長さは流行の指標にはなっていません。スカートの長さはどのくらいが好みかと改めて問われたら，女性はそれぞれの好みを答えるかもしれませんが，聞かれない限りは意識されないでしょう。同じように，世論が変化するとしても，同じ知識構造がそのまま持続しているとは限りません。スカートの長さのように，共有された文脈の中の意味を失った概念に対しては，賛成とも反対とも考えなくなります。態度としてよく測定される政党や首相の支持率にしても，改めて聞かれるまでは支持するともしないとも意識していない人は多いのではないでしょうか。

態度研究においては，質問紙によって測定された態度（たとえば政党支持）が，必ずしも実際の行動（投票）を予測しないことが，古くから問題とされてきました。測定された時点で呼び出される記憶が，状況によって変化するからです。人から聞かれたり，質問紙に記入するときになってはじめて，記憶を検索して，その時々の状況に応じて態度が構築されます。質問紙などによって測定された態度が，必ずしも行動と一貫しないのはそのためです。そこで，顕在化される以前の，潜在的な態度構造の関連性の強さの方に，態度研究の関心は向けられるようになりました。潜在的な態度構造の測定には，IAT（Implicit Association Test）などの言語報告によらない測定方法が確立しており，大きな研究成果を上げています（Wittenbrink & Schwarz, 2007）。

近年の態度変容の理論では，潜在的な連想過程と，意識的な特性推論過程が，異なる過程として扱われています。(Gawronski & Bodenhausen, 2006)。たとえば，質問紙で聞かれて，血液型の性格判断は当たる，当たらない，と考えて答えた結果が，意識的な特性推論です。多くの人は，血液型性格判断が当たるという知識も当たらないという知識も持っています。血液型性格判断は当た

らないと意識的には考えていたとしても，記憶の中でしっかり学習されてしまっていることは連想しやすく，すばやく認知されます。これが潜在的態度です。すなわち，潜在的な態度は個々人の知識構造に由来するもので，意識的にコントロールできないことが，なかなか偏見がなくならない原因となっています。

●● 結局は感情で決めているのかも

　集団が，新しい観点を見いだしにくい理由には，もう1つ，知識だけではない，感情がかかわっている可能性があります。冷静に話し合っているようでも，結局，好き嫌いで賛成・反対を決めているのかなあ，と思えることはありますね。それはある意味で正しく，ある意味で間違っています。

　その考えが正しい理由は，知識構造がポジティブ・ネガティブ感情と結びついて，態度を形成しているからです。感情との結びつきは，必ずしも意識されているとは限りません。知識だけの問題で話しているつもりでも，潜在的に，ポジティブな，あるいはネガティブな感情から影響を受ける場合もあります。特に，自我関与度の高い話題，すなわち，自己の利得や自己評価につながる知識は感情に結びつきやすいと考えられます。

　また，自己にかかわりがなくても，記憶にすでに収まっていることは認知しやすいので，それだけで快い感情に結びついてしまう認知的流暢性と呼ばれる効果が知られています。この効果は，単によく知っている，というだけでポジティブな態度に結びつきやすく，知らないことよりも，すでに知っていることに固着させる可能性を示唆しています。

　他方で，好き嫌いだけで決めているのではないかという考えが間違っている理由は，このような感情と認知の結びつきは，必ずしも固定したものではないからです。態度は変化しにくいものと考えられてきましたが，近年の研究によれば，態度は従来考えられていたよりも柔軟に変化することが知られています。

●● 態度の安定性

　ペティら（Petty, Tormala, Briñol, & Jarvis, 2006）は，態度が変化した後も，古い態度に関する記憶は残されており，潜在的な影響力を持つことを示しています。新しい情報を得ても古い情報が捨てられるわけではないからです。たと

えば，授業で血液型性格判断は当たらないという知識を聞いて，そうなのかといったん納得しても，血液型信念の知識が消えるわけではありません。「やっぱり有馬先生はB型だなあ」と思わせる行動を目にすれば，すぐに血液型信念が復活してしまいます。ティピカルな行動をする人間が身近にいるといけませんね。

実際に，ガルシア-マルケスら（Garcia-Marques, Santos, & Mackie, 2006）は，態度の時系列分析を行った結果，態度の安定性は考えられてきたよりも低い結果を見いだしています。態度の安定性は，新しく得た情報の処理中に態度を問われるオンライン・ベースドか，情報を記憶した後に検索して態度を形成するメモリー・ベースドかによっても異なり（Hastie & Park, 1986），オンラインで態度を問われた場合の方が行動と一致しやすい傾向があります（Bizer, Tormala, Rucker, & Petty, 2006）。特に，複雑性の低い知識構造については，時間的な一貫性も態度と行動の一貫性も低いとされます（Fabrigar, Petty, Smith, & Crites, 2006）。

近年は，文脈によってすばやく変化する，あるいは学習によって徐々に変化するステレオタイプ（人種偏見などの態度）のモデルが検討されています。たとえば，コネクショニストモデル研究では，マイノリティのカテゴリーにマイノリティ特性が関連づけられやすい幻想の相関関係を予測するシミュレーションが考案されています（Van Rooy, Van Overwalle, Vanhoomissen, Labiouse, & French, 2003）。このようなモデルから，文脈が変化すれば，態度もそれに伴って再構成されることが予想されます。

情報の組み替えが起こると，知識構造内には潜在的なコンフリクトが残ることになります（Priester & Petty, 2001）。コンフリクティブな知識構造は特殊なものではありません。消費税や原発などのように論争が認知されている議題であれば，両サイドの知識を得ている人は多いでしょう。本章の実験2のように，質問紙上でコンフリクティブな問い方をすれば，潜在的コンフリクトを感じるような文脈で知識が再構成されることになります。このような潜在的な態度構造を考えると，本章に見られた態度変化の方向性が反転する反極化現象も，観点の変化によって説明することが可能です。

集団極化現象の実験手続きでは，集団決定直後に再度態度を測定して終わり

ますが，その変化が何か月程度持続するかを追跡した調査があります。その結果によれば，態度の安定性は低く，メッセージが絶えず送付されることがない限り，極化された態度は持続しないことが報告されています（Liu & Latané, 1998）。このような研究から集団極化現象は情報の加算が認知されている間は進行するが，情報が途絶すると，もとの態度に回帰する可能性が高いと考えられます。ただし，相互作用を持続させるネットワークシステムがあれば，態度の極端化が拡大する現象につながる可能性はあります。インターネットによる極端化については，第7章で検討します。

まとめ… 共有知識構造が母集団と「ずれた」集団は合意しにくい

　本章では，共有された知識構造が変化する過程を探索的に検討するために，討議集団にコンフリクトが起こる条件を探りました。その結果，集団が合意できるかどうかには，集団内の意見の差異と，母集団の意見分布の認知の双方がかかわっていました。母集団（社会）に共有された知識と集団の共有知識構造にずれが認知されたときに，集団の合意確率が下がる実験結果が見られました。

　コンフリクトに伴う態度変化を検討したところ，弱い極化か，反極化現象が見いだされました。自分の集団の態度と社会通念の間に離齬が予想されると，合意しにくいというのは理解しやすい結果です。しかし，もともと意見に差がなかった集団ほど，合意できないと逆方向に態度を反転させてしまうという結果は，素直に説明できるものではありません。さらに，合意確率の結果からは，集団内の意見の差異と，集団間の意見の差異を一定レベルに保つ調整が集団過程において起きていたことが推測されました。これらの「意外な」結果については，終章で再検討することにして，とりあえずここでは以下のようにまとめておきます。

　社会における極端化が終息するとすれば，次のようなプロセスが予想されます。態度の極端化を推し進めてきた情報の増加がストップすると，母集団の変化の方向と集団の変化の方向の間にずれが認知されます。そのずれは，集団の合意確率を低下させます。集団の中の意見がばらついている場合は，弱い極化か平準化が起こり，集団の中の意見がばらついていなかった場合は，逆方向へ

の反転がはじまります。コンフリクトに望ましい側面があるとすれば，コンフリクトによって観点の転換が起こりうるところでしょう。ただし，このような反転が起こりうるのは，共有知識構造がもともとコンフリクティブである場合だと考えられます。よって，社会の中に極端から極端にゆれる同期的な態度変容が見られるとすれば，それは対立軸が広く共有されている場合であると予測されます。そのような対立軸はどのように共有されるのでしょうか。

極端化の過程には，共有された文脈が明確化される段階と，文脈が感情と結びついて評価軸を形成する段階があると考えています。文脈が感情に結びつく契機には，以下の2つの場合があると考えられます。

①自己に関する知識は常に参照されるため，文脈が固定されやすい。

②感情的なエピソード記憶から想起される関連知識は文脈が固定しやすい。

このうちの①にかかわるものが社会的アイデンティティの問題です。対立する民族や宗教の争いのような自己に絡む情報は，同じ集団の中で共有されやすく，かつ，9.11米国同時多発テロのような強いエピソード記憶に結びつけられると，容易には変化しにくいものとなるでしょう。

次に，社会的アイデンティティがもたらす極端化について検討します。

第4章 社会的アイデンティティと態度の極端化

　歴史上，人々の態度がもっとも極端化した事例は何か，と問われて思い浮かぶのは何でしょうか。人によって異なると思いますが，たとえば，ヨーロッパ中世の宗教裁判や，ナチスドイツのユダヤ人迫害など，残虐な歴史上の事例が思い浮かぶのではないでしょうか。戦争も含めて残虐な行為には，多くの場合，他国・他民族・異教徒などに対する態度の極端化が伴っています。このような他の集団に対する敵対視には，社会的アイデンティティが深くかかわっています。

　社会的アイデンティティ研究では，ステレオタイプ認知が偏見の源になることが知られています。ステレオタイプ認知とは，カテゴリーの典型例をそのカテゴリーメンバーすべてに当てはめて単純化する認知過程です。必ずしも悪い内容とは限りません。たとえば，私たち日本人が欧米人という言葉でまず思い浮かべるイメージは，金髪で碧い眼の人々です。それは，実際に欧米にいる金髪で碧い眼の人々の比率とは関係なく，カテゴリーの典型例として学習が行われてしまった結果です。

　社会的アイデンティティがときに，戦争などの不幸な結果に結びつくとすれば，ステレオタイプ認知が個人に留まらず，それを共有した集団がバイアスを極端化していく過程がありそうです。本章では，ステレオタイプ認知がどのように集団に共有され，極端化するのかについて検討します。

1 ・・・ 社会的アイデンティティ

　社会的アイデンティティ（Tajfel & Turner, 1979）とは，所属集団によって定義される自己概念のことです。所属集団とは，必ずしもお互いに顔見知りの集団だけを指すのではありません。自己に対してなんらかのカテゴリーとして作用する特性はすべて集団と見ることが可能です。たとえば，人種，世代，性別，出身地，出身校，ひいきの野球チームなどすべてが所属集団になり，種々のカテゴリーによって多重の自己規定が行われます。

　生まれたての赤ちゃんのころは，自他未分化な状態と考えられています。長ずるにつれて，思いのままにならない存在があることを理解し，自己と非自己が分かれていきます。自己を発見するとは，己と違う非自己を発見することです。それは，大人になってからも同じです。性別を意識しないまま育っていても，自分と異なる性があることを知って性別を意識するようになります。国籍や人種を意識しないまま成長しても，海の向こうにさまざまな国があることを教えられると，日本人であることが重要な自己概念となります。宇宙人に出会うことがあれば，「広大な宇宙の小さな星に生きる地球人である私」という知識が重要な自己になるのかもしれません。異質な他者に出会うことによって，自己に関する知識が増え，自己概念が重層的に積み重なっていくのです。そこには，差異性と同一性によって成立するカテゴリー認知が関係しています。

　ここで少し，社会的アイデンティティ理論で使われるタームを解説しておきます。内集団とは自己が所属している集団を指し，外集団とは自己が所属していない集団，すなわち内集団以外のすべての集団を指します。タイガースファンが内集団なら，巨人ファンもカープファンも外集団になります。外集団の人間に対しては，ステレオタイプ（偏見）を持ちやすく，この現象は外集団差別と呼ばれます。内集団の人間については，よい印象を形成させやすく，互いに利益になるような行動をとろうとします。この現象は内集団ひいきと呼ばれます。阪神ファンの人が，出会った相手が巨人ファンと聞くとむっとして，相手が阪神ファンと聞くと嬉しくなるような感じです。社会的アイデンティティ理論によれば，私たちは状況に応じて顕在化した所属カテゴリーに従って行動すると予測されています。いうなれば「普段なら梅田駅で黄色いはっぴを着るの

は恥ずかしいけど，阪神が勝った甲子園からの帰りなら恥ずかしくない」的感覚，です。……私のことではありません。

　私たちは自分のカテゴリーを常に強く意識しているわけではありません。自己と異なる比較対象があってはじめて意識することになります。たとえば，日本に暮らしている間は日本人であることを意識していなくても，海外に出ればいやでも意識することになります。非自己から見た自己という視点獲得が社会的アイデンティティです。

●● 集団成立の要件

　人はなぜ集団を形成するのでしょうか。社会的アイデンティティ理論以前の集団研究では，相互依存性がおもな要件と考えられてきました。相互依存性とは，1人では不可能な目標を達成するためにお互いを必要とすることです。人類がマンモスを狩って生き延びてきたころからそうだったのだろうなあと想像すれば，これは直感的に納得のいく説明です。ところが，社会的アイデンティティ理論によれば，相互依存性は必要条件ではありません。集団のカテゴリーを意識するだけで集団が形成されると考えます。

　社会的アイデンティティ理論が集団研究においてエポックメイキングであったのは，同じ集団に所属するメンバーと認知するだけで，知らない人に対しても社会的行動が引き起こされることを実験的に示したところにあります。それが，タイフェルら（Tajfel, Billig, Bundy, & Flament, 1971）による最小限集団実験です。実験参加者はまず，簡単な課題によって集団に配属されます。たとえば，あまり差がないような2枚の抽象画の，どちらを自分の好みとして選んだかで集団に名前が与えられます。そして，自分以外のメンバーが誰なのかはわからないまま，内集団と外集団に報酬を分配する意志決定課題を行います。その報酬分配表は，内集団の報酬を高くしようとすると，さらに高い報酬を外集団に与えなければならないように設定されています。実験の結果，より高い報酬を得ることよりも，内集団を外集団に負けさせたくない気持ちの方が勝っていることが示されました。この結果は，メンバーと面識がなくても，恣意的に操作された所属カテゴリー名が与えられただけで，内集団ひいきや外集団差別行動が引き起こされることを示しています。

●● 自己カテゴリー化理論

　社会的アイデンティティ理論は集団間関係に関する理論として成功をおさめましたが，タイフェルのもとに集まった研究者たちの関心は，集団過程と認知過程の関係に移りました（Abrams & Hogg, 1999）。その1人であるターナーら（J. C. Turner, Hogg, Oakes, Reicher, & Wetherell, 1987）によってはじめられた自己カテゴリー化理論は，自己カテゴリー認知が成立する条件とその効果に関する理論です。

　どのようにカテゴリーが成立するのかは，第1章で紹介したメタコントラスト比率によって説明されます。高いメタコントラスト比率によってカテゴリー認知が成立すると，外集団との差を強調し，内集団の差を小さくする方向にバイアスが働くため，さらにカテゴリー認知は強固なものになります。複数の所属カテゴリーからどのカテゴリーが選ばれるのかは，経験に基づくカテゴリーの思い出しやすさ（アクセシビリティ，Bruner, 1957）と当てはまりのよさ（フィットネス）に依存します（Oakes, Turner, & Haslam, 1991）。

　実験におけるカテゴリー操作の効果は強力だったため，さまざまな領域で過去の矛盾する研究結果を統合する作業が行われました。たとえば，エイブラムスら（Abrams, Wetherell, Cochrane, Hogg, & Turner, 1990）の実験研究によれば，多数者が社会的影響力を持つためには，内集団メンバーと認知されなければならず，外集団メンバーと認知された場合は，むしろ反発する傾向が見いだされています。態度と行動が一貫しないという矛盾は，カテゴリーの顕現性で説明することが可能であるとされています（Hogg & Abrams, 1988）。他にも，少数者影響過程の再検討（David & Turner, 1999）や，グループシンク現象の再検討（M. E. Turner, Pratkanis, Probasco, & Leve, 1992）が行われました。

　集団極化現象については，カテゴリー操作によって極化の方向が変わることが示されました。ターナーら（J. C. Turner, Wetherell, & Hogg, 1989）による，集団極化現象の実験では，実験参加者の所属集団（文系学部）と外集団（理系学部）との差異を強調した条件において，強調しなかった条件よりも，強い極化現象が見いだされています。自己カテゴリー化理論によって新たな光が当てられた研究は，集団極化現象をはじめとして，集団凝集性，群衆行動など数多

く，当時衰退の一途をたどっていた集団研究を再生させる一助となりました。

ターナーはモスコヴィッシの議論を継承して，規範的影響力と情報的影響力を，1つの社会的影響力に統合しようとしました。

内集団に対しては，集団のカテゴリーを明確にしてくれるメンバー，すなわち外集団との差異が大きく，内集団の典型的なポジションにいるメンバー（プロトタイプと呼ばれます）の特性や意見に同調させる社会的影響過程が働きます（Hogg, Hardie, & Reynolds, 1995）。これが，準拠情報的影響力です。たとえば，「若い女性」と「おばちゃん」というカテゴリーを考えてみましょう。その中間に多くの女性がいるのですが，中間にいる人間はどちらかにカテゴライズされてしまいます。カテゴリーは認知に影響を与えますので，おばちゃんカテゴリーに類別されたとたんに，一挙に老けて見られてしまいます。そこで，まだまだ「若い女性」カテゴリーだと考える女性は，若い女性にもっとも近く，おばちゃんからもっとも遠い特性を持つ人に似せようと努力をします。おばちゃんはどうかといえば，自らには「おばちゃん」カテゴリーを適用しないので無敵です。……というのは冗談で，おばちゃんはおばちゃんで，「おばあちゃん」に分類されないように努力をしますので，若いおばちゃんがCMなどでその影響力を遺憾なく発揮しています。

しかし，そもそも私たちは何ゆえに自らをカテゴリー化してしまうのでしょうか。その理由は，現実感を得るために，曖昧性を低減させる必要があるからだと説明されています。これはわかりにくい説明なので，フェスティンガー（Festinger, 1954）の社会的比較理論の説明をしておきます。曖昧性の低減や現実性という概念を最初に定義したのはフェスティンガーだからです。

2 ・・・ 社会的比較理論

あまり認識されてこなかったことですが，社会的比較理論もまた集団過程の理論です。社会的比較理論の要点は，次の3点です。
　①自己の能力や態度を評価しようとする社会的比較動因を仮定する。
　②物理的現実性，すなわち比較の基準となるモノサシが存在しない場合は，他者と比較することによって自己評価が行われる。

③比較の対象に類似した他者を選ぼうとする。

　フェスティンガーは集団過程に関して次の仮説を提示しています。自己と他者を比較しようとする比較動因は，その他者との差が大きいほど弱まります。たとえば，若い女性は自分が魅力的かどうか知りたいとき，おばちゃんと比較しようとは思わないですね。自分と比較したいという比較動因が及ぶ範囲が集団となります。集団は，カテゴリーによってではなくて，自他の差に従って主観的に認知されます。似た他者がいないと，自己評価が不安定になりますので，集団内で差があるときはその差を縮めようとします。これが同調への圧力となります。あまりにもかけ離れた他者は集団から排除されます。これが社会的現実性（Festinger, 1950）を構築しようとするために生まれる集団過程です。社会的現実性とは，正解のない課題における妥当性の論拠となるもので，平たく言えば，世間の「常識」です。社会的比較理論と自己カテゴリー化理論は，曖昧性の低減に動機づけられた自己概念が，社会的現実性と社会的影響力を形成することを予測したという点で類似する面があります。

　社会的比較理論は集団内コンフリクトに関しても重要な予測を行っています。母集団の平均に近い多数者は，適切な比較対象となるため，社会的影響力が強くなります。一方，少数者は常に多数者からの比較という脅威にさらされているために，少数者同士で互いに同調しようとする傾向が高くなります。そこで，少数者集団は分裂する危険性が高まることが予測されます。逆に自己カテゴリー化理論による説明では，カテゴリー間の差が大きいとカテゴリー認知は強固になるので，マイノリティ集団は分裂を起こしにくくなります。第3章の実験結果は，マイノリティの方が合意しにくいとなったのですから，自己カテゴリー化理論よりも社会的比較理論を支持しています。社会的比較理論は母集団からの影響を考慮する点で一日の長があるようです。

　しかし，社会的アイデンティティを扱う理論の中でも，母集団からの影響を仮定した理論が存在します。ブリューワー（Brewer, 1991; Brewer & Gardner, 1996）による最適顕現性理論です。

3 ... 最適顕現性理論

　最適顕現性理論は，自己カテゴリー化理論と社会的比較理論の特徴を合わせ持つ理論です。まず，差異化（distinctiveness）と同一化（inclusiveness）という相反する動因が仮定されます。この相争う動因が平衡するポイントに安定した社会的アイデンティティが形成され，どちらかが過剰・あるいは欠乏した不安定な状況になると，平衡を回復しようとする力が働くと予測されています。

　古くからジンメル（Georg Simmel）の社会学などにおいて，流行現象などの普及過程に同一性欲求と独自性欲求が拮抗して働くことが考察されてきました。服飾にしろ，携帯のようなガジェットにしろ，流行を追いかける行動には，最先端グループと同じでありたいという同一性欲求と，人とは違うものを持っていたいという独自性欲求が働いています。この相反する欲求の間のバランスを取ろうとする人々の行動の結果として流行が広がり，多くの人が同じ物を持って珍しさが薄れると，新しい流行がはじまる周期現象が生まれると考えられてきました。

　最適顕現性理論が従来の理論と異なるのは，この2つの欲求を満たせるかどうかは，所属集団とそれを包摂する上位集団との関係に依存すると考えるところです。所属集団が「大阪のおばちゃん」だとすると，上位集団は「関西人」あるいは「中年女性」になります。私の場合，あなたは関西人だとか中年女性だとか言われると，なんだかむっとしますが，大阪のおばちゃんと言われると，それは否定しがたいよな，と感じます。実際の大阪のおばちゃんが互いに似ているわけではないのですが，私にとっては，それが，等質化されすぎもせず，差異化されすぎもしない，ころあいの社会的アイデンティティになるわけです。

●● 少数者でいることも心地よい

　この最適顕現性理論を実証する実験は次のようなものです（Brewer, 1991）。実験参加者はまず，簡単な課題によって，20％の少数者集団と，80％の多数者集団に分けられます。その後に個人の差異性を低下させる没個性化の操作が入ります。没個性化条件では実験参加者は番号で呼ばれ，個人は重要ではなく集団の平均値を調べるのが目的だと教示されます。実験の結果，没個性化が行わ

れなかった条件では多数者の方が自分の集団を高く評価したのに対して，没個性化条件では少数者の方が自分の集団を高く評価しました。没個性化条件では差異性があまりにも低下したために，多数者でいるより少数者でいる方が望ましい状態になったのです。

　最適顕現性理論の利点は，集団としての独自性を個人の独自性にくり込めるところにあります。たとえば，90年代後半に流行したヤマンバギャルの外見は「一般人」との差異が目立っていましたが，外集団から見ればほとんど個人の判別がつかなくなっていました。独自性を示そうとする欲求が集団として表現されていたのです。内集団と外集団の差異が大きいほど，集団内での同一性が求められ，集団内メンバーは互いに似通ることになります。こういったマイノリティ集団の特徴をうまく説明できるところに，最適顕現性理論の利点がよく現れています。

●● 内集団均質化効果

　少数者集団の特徴としては，内集団均質化効果が知られています。内集団均質化効果とは，内集団メンバーの差異を実際よりも小さく認知する効果です。これは外集団均質化効果に比べると，一般的ではありません。たとえば，自分と異なる人種（外集団）の顔は似て見えますが，同じ人種（内集団）なら互いの違いが見分けられるはずです。ところが，内集団も均質化して見える場合があります。マイノリティ集団は，常に外集団との比較にさらされているために，外集団の視点を内面化させやすいからです。ステレオタイプ（偏見）は，自分自身に対しても持ちうるものなのです。

　とはいえ，内集団均質化効果を検討した報告（Wilder, 1984; Kelly, 1989）はありますが，実験の結果は一貫していません（Haslam, Oakes, Turner, & McGarty, 1996; Mullen & Li-tze, 1989）。そこで，マイノリティ集団であることを，たいそう誇りにしているらしき関西人を対象に実験をしてみることにしました。

　関西とはおもに近畿2府4県の地域を指す言葉で，実際は共通の特性でとらえられる地方ではありません。中心となるのは大阪のイメージですが，関西は大阪というより，関東との対比で用いられるカテゴリーです。CMに出てくる

「大阪のおばちゃん」などの典型的関西人を見ると，私には二重の視点が生じます。同じ関西人としての仲間意識と同時に，均質化されたマジョリティからの視線でも見ておもしろがるのです。常に外集団からのステレオタイプにさらされ，その視線を内面化しているという点で，関西人はマイノリティ集団の特性を備えているといえるでしょう。

自己カテゴリー化理論では，自己評価を下げるようなマイノリティ集団によって自己を定義することは避けられると予測されています。一方，最適顕現性理論では自己評価を下げるとしても適度な差異化を満たすのであればマイノリティ集団によって自己を定義すると予測されます。関西人の評価を下げるような教示を行っても，「私たちはみんな似ている」と考える高い均質化効果が見いだされるようであれば，最適顕現性理論を支持する結果とすることができます。このような社会的アイデンティティにかかわるバイアスが，集団の話し合いによってさらに極端化するのかについて調べてみました。

4 ・・・内集団均質化認知の極化実験

関西人のマイノリティ集団特性を利用して，内集団均質化が見いだされるかどうかを確かめた後，そのバイアスが集団討議によって極端化するかどうかを調べた結果を報告します（有馬，2001）。

ステレオタイプ化がどの程度進んでいるかの指標として，意見分布の認知を使いました。たとえば，関西人の何％が阪神ファンか，たこ焼きが好きか，などの質問によって，関西人に典型的とされる特徴を持つ関西人の比率を推定してもらいます。この点が高いほど関西ステレオタイプ認知が強い指標となります。一方，関東人の何％が巨人ファンか，納豆が好きか，などの質問によって，典型的とされる特徴を持つ関東人の比率も推定してもらいます。この点が高いほど，関東ステレオタイプ認知が強い指標となります。本人が関西人の場合は，関西人ステレオタイプが高いほど内集団均質化効果が高く，関東人ステレオタイプが高いほど外集団均質化効果が高いことになります。関東人にとっては，関東人ステレオタイプが内集団均質化，関西人ステレオタイプが外集団均質化の指標になります。

実験1には，関西と関東の大学生に参加していただきました。マジョリティ集団として関東人，マイノリティ集団として関西人に，内集団均質化効果と外集団均質化効果がどの程度見いだされるかを比較します。

　実験2では関西の大学生のみを対象として，関西人としての社会的アイデンティティを測定したのちに，内集団・外集団均質化効果が，集団討議によって極端化されるかどうかを検討しました。実験条件として関西人であることを強調してカテゴリーの顕現性を高める関西カテゴリー強調条件と，その教示をしない統制群をつくりました。関西カテゴリー強調条件は，さらに，関西に高い地位を付与する高地位条件と，低い地位を付与する低地位条件に分けましたので，3条件の比較になります。この条件は，社会的アイデンティティが集団極化現象にかかわるかどうかを検討するために設定されています。

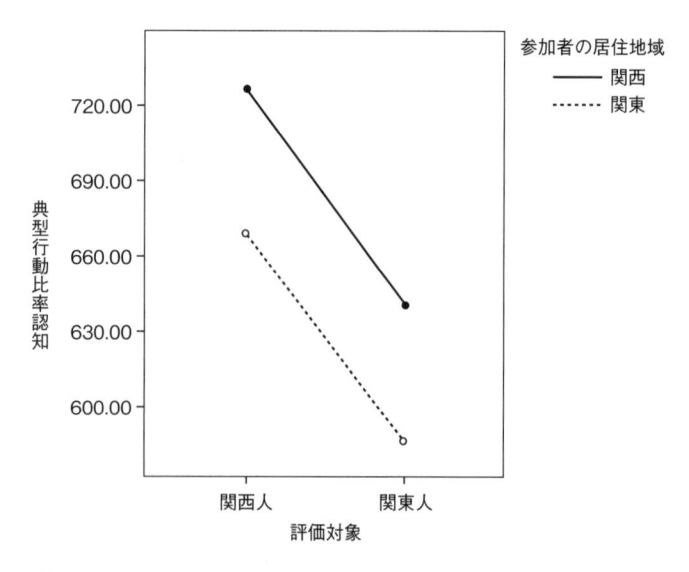

●● 関西人と関東人のステレオタイプ認知

　関西人が関西的典型行動を行う比率と，関東人が関東的典型行動を行う比率を，関西の学生120名と関東の学生49名に推定していただきました。結果を

▲ 図4−1　関西人と関東人のステレオタイプ認知

図4-1に示します。関西人が関西的典型行動をする比率は，関東人が関東的典型行動をする比率よりも高く見積もられています。これは，関西人が評価しても関東人が評価しても同じでした。関西人の方が，自己に対しても他者に対しても，強いステレオタイプ認知を示しています。

●● 意見分布認知は極化するか

次に，態度の極端化と内集団均質化効果の関連性を検討した結果を報告します。共有されたステレオタイプ認知は，集団討議を経ると極端になることが予想されます。たとえば，関西人の中でたこ焼きが好きな比率を個人平均で70%と予測していた場合，集団になると，「うちらみんな一緒やでっ！」と80%に上がってしまう感じです。しかし，異なる仮説も立てられます。メンバーの数だけ情報が増えれば，母集団の分布の予測は個人よりも正確になるため，外集団ステレオタイプは極化しても，内集団ステレオタイプは極化しないはずです。このどちらの予想が正しいかを調べてみました。

結果が図4-2です。内集団分布認知8項目合計得点の，集団決定から討議前個人決定を引いた値を集団極化現象の指標としました。縦軸が，関西ステレ

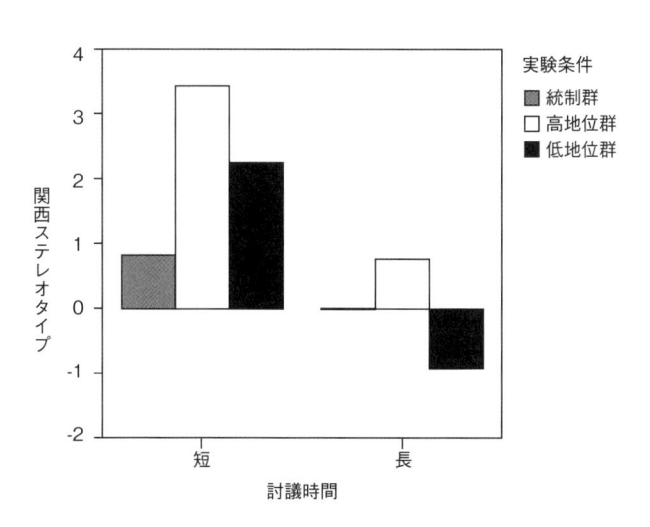

図4-2　討議時間と条件が内集団分布認知の極端化に及ぼす効果

オタイプ，すなわち内集団均質化認知の変化量です。この変化量に対して，地位操作条件と討議時間の交互効果が見られました。討議時間が短く，関西カテゴリーの顕現性を高めた条件において，内集団へのステレオタイプが極端化しています。関西の地位を低く教示されてもやはり極端化します。

討議時間が長い場合は，討議による極端化は抑制されました。図には示していませんが，外集団分布認知のシフト量に関しても，討議時間の短い集団で極端化するほぼ同様の結果が見られました。関西の地位を低く教示された条件では，外集団ステレオタイプの極端化が特に強くなりました。外集団への偏見は，内集団への偏見とともに自分の集団の地位が低いと感じたときに強くなるようです。

実験の結果，内集団に対しても外集団に対しても，討議時間が短いと，意見分布の認知が極端になる結果が示されました。討議時間の長さは，集団の情報処理の深さを示しています。ステレオタイプ認知は，深い情報処理を行わない短絡的な認知バイアスの一種です。集団レベルにおいても，短絡的な情報処理が集団極化現象の原因であり，討論に時間をかけることでバイアスを抑制することが可能になるのでしょう。私たちは誰もカテゴリー・バイアスから逃れる

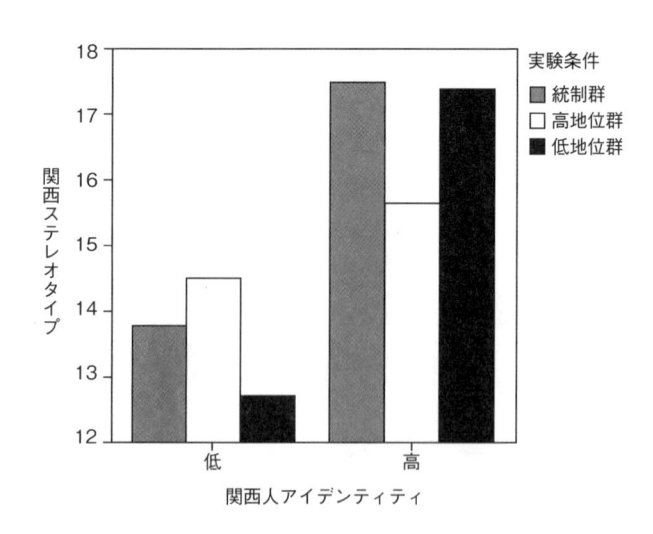

■ 図4-3　内集団分布認知に及ぼす社会的アイデンティティの効果

ことはできません。カテゴリーで圧縮しないと情報を認識できないからです。だからこそ，長い時間をかけて多様な視点から意味を再構成し続ける必要があります。

社会的アイデンティティの強さと関西ステレオタイプの強さの間には有意な相関が見られました。図4－3にその結果を示します。関西人アイデンティティが高い群に，内集団均質化効果が高く見られています。それは，関西の地位を低く教示されても同じでした。以上の結果は，最適顕現性仮説を支持するものです。

まとめ・・・意見分布の認知も極端化する

本章では，社会的アイデンティティ理論の観点から，ステレオタイプ認知の極端化の過程を検討しました。

自分が所属する集団の特徴は，社会的アイデンティティと結びついた知識構造を構成していると考えられます。特に，他者の視線を内面化しやすいマイノリティ集団にとっては，内集団の知識にはポジティブ感情が，対比される外集団の知識にはネガティブ感情が結びつきやすいようです。

実験の結果，集団のメンバーがみんな同じような特性を持っていると考えるステレオタイプ認知は，集団討議によって極端化することが示されました。社会的アイデンティティが強い人ほど，内集団均質化効果も，外集団均質化効果も高くなります。さらに，集団の地位という評価にかかわる条件を操作すると，意見分布の認知がさらに極端化する結果が見いだされました。

以上の結果から，社会的アイデンティティが自己評価にかかわると，集団間の敵対感情が極端化すると考えられます。自己概念は記憶の中で参照されやすく，長期間にわたって極端化し続ける可能性があるため，やっかいな現象です。阪神と巨人に代理戦争をしてもらえるなら平和なものですが，近隣国との間で起これば，歴史にまた悲劇の項目を追加するはめになりかねません。続く2つの章では，集団間コンフリクトに見られる極端化と，そこで重要な役割を果たすリーダーシップについて，見ていくことにします。

●● お笑い感覚の共有認知

　関西の話が出たついでに，京都学園大学のゼミで行ったお笑いの実験を紹介します。
　笑いというものは，人間に生得的に備わった能力です。生後すぐに人の顔に対して社会的微笑反応を示します。4か月になるころには驚きを伴って理解したときに笑うようになります。生まれてから脳神経が発達する人間ならではの，知的相互作用をうながす機能を笑いが担っているのです。ところが，大人になってから，何をおかしいと思うかには文化差があるようです。たとえば，日本のお笑いをそのまま海外に持って行ってもあまりウケません。海外で喜ばれるのは，お相撲さんの着ぐるみだとか，サラリーマン体操などの，言語に頼らない身体動作による笑いだそうです。一方で，日本人にとっても，米国の酒場でやっているようなスタンダップコメディは何がおかしいのかわかりにくいものです。それでも世界中で視聴されているコメディ映画であれば楽しむことができます。かくいう私も，あまりのくだらなさに絶句するような笑いが好きだったりします。すなわち，くだらない笑いであれば万国共通に笑えるのですが，「高等な」笑いには文化差があるのです。
　しかし，関西と関東の笑いのような微妙な差は，どこが違うのか実感がありません。そこで，それが本当に違うのかを実験で確かめる研究を行いました。京都学園大学には関東からも学生が来ているので，関西出身の学生と，関東出身の学生，そして，両方に住んだ経験がある学生の違いを確かめたのです。すると，驚いたことに，関西出身者と関東出身者では笑いの好みに有意な違いがありました。
　まず，ユーモア感覚に違いがあります。関西出身の学生ほど，遊技的ユーモア得点が高くなります。遊技的ユーモアとは，人を笑わせたい，オチのない話はおもしろくない，といった項目によって測定されるユーモア感覚です。さらに，遊技的ユーモア感覚が高い人ほど，関西出身の芸人や，1人でしゃべるピン芸人に対して，共感性の評価が高くなりました。知的なオチで笑わせるコントや漫才に対しては同じ程度の評価なのですが，なぜかピン芸人への評価に違いが出ます。1つの解釈として，ピン芸は，「ああ，そういうことってあるある」という，体験を共有する感覚の笑いが多いようです。遊技的ユーモアを好む人

は，暗黙のうちに文脈が共有されているような笑いに敏感なのかもしれません。

●● 共有された暗黙知の確認

　広い文化に通用する笑いは，誰にでも理解しやすい幼稚な笑いになっていきます。一方で，一部の人にしか理解できない狭い文化圏の笑いもあります。その差は笑いを理解するのに必要な知識量にあるのでしょう。ノーレットランダーシュが著した『ユーザーイリュージョン——意識という幻想』(Norretranders, 1998/ 柴田訳，2002) に，論理深度という言葉が出てきますが，この言葉が笑いを感じる背景情報の違いを表しています。私たちが意味が深いと感じる情報には，その背景に莫大な知識が広がっています。語られない情報量によって言葉の意味の深さが測定できるのです。同じ共有知識構造を持っている仲間であれば，無意識のうちに，言葉に圧縮された背景情報を読み取っています。そのなかで意味のつなぎ替えを行うような創造的な言葉の使い方がされ，それが理解されたとき，新しい意味を発見した驚きが笑いとなるのでしょう。

　笑いはそもそも，1人だけのときよりも人と一緒に過ごしている間に出やすいものです。他者と一緒に笑うという行為は，メタ認知レベルの文脈を理解しているというシグナルになっているのかもしれません。ジョークを言って笑わせることで，あるいは，ちょっとしたことで一緒に笑うことで，どのあたりまでが言葉にしなくてもわかり合えるか確認して，共通の文脈に生きる仲間であることを示す機能があるのだろうと考えています。生得的な情動反応である笑いに，メタ認知レベルの共有性がかかわっているとすれば，興味深いことです。

　誰にも理解できないようなことでは笑えないのと同時に，誰にとってもあたりまえなことでも笑えません。笑いは，大人にとっても子どもにとっても，新しい意味を理解できたよ，というシグナルになっています。言い換えれば，知識構造を共有している仲間だよ，と伝え合っているのかもしれません。

第5章 共有認知としてのリーダーシップ

　昨今の日本の政治状況に，嘆息している人々は多かろうと思います。特に，首相にリーダーシップがない，という嘆きをよく聞きます。新しいリーダーへの支持率が，数か月もたたないうちに暴落することに誰も驚かなくなってしまいました。

　リーダーシップがないとくさされなかったのは，わかりやすい言葉でマスコミを賑わせた小泉純一郎元首相ぐらいでしょうか。ワンフレーズ・ポリティックスといわれた小泉さんは，日本の首相としては珍しくリーダーシップがあるといわれた首相でした。もっとも，彼の政治手法は身内の自民党からは独裁的に感じられたようですから，その面では菅直人元首相と同じです。また，今にして思えば小泉さんがこだわっていた郵政民営化について，国民は特に賛成であったわけでも反対であったわけでもなかったように思われます。一方，菅さんがこだわっていた新エネルギー政策は，郵貯改革よりもむしろ理由がわかりやすく，国民の支持も得られていました。ところが，菅さんは支持されず新エネルギー政策は中途半端に終わり，小泉さんは高い支持率を武器に郵政民営化を実行しました。

　どうも，リーダーシップとは，「何を」行うかではなくて，「誰が」行うかだけの話とも見えなくもありません。その人物像も，報道される断片的な情報からは，正確に判断できそうもありません。では，報道が悪いのでしょうか。日本の政治報道は政策よりも政局に偏りがちだといわれます。あるいは，リーダーシップを妨害するようなシステム不全が政府内にあるのかもしれません。し

かし，今や世界中で，政治的リーダーシップに対する不満の声が聞こえてきます。リーダーが非難されている国に共通する要因は経済的問題くらいでしょう。であれば，日本でも好況・不況の波がリーダーシップと感じられているだけなのかもしれません。

9.11同時多発テロ後にブッシュ大統領の支持率が80％を超えたように，敵に立ち向かう戦士のイメージがリーダーに与えられる場合もあれば，経済状況の不満を解消するスケープゴート（釘原，2011）にされる場合もあります。国家もまた私たちの社会的アイデンティティを形成するカテゴリーです。リーダーはそのプロトタイプとして認知されやすく，所属集団に対する感情と重ねられやすいのでしょう。本章では，共有知識構造としてのリーダーシップと集団間関係について検討します。

1 ・・・ リーダーシップ研究の歴史

古典的なリーダーシップ研究では，歴史上のカリスマ的なリーダーの足跡をたどり，そのリーダーシップの本質をつかもうとする研究が多くなされてきました。しかし，たとえばケネディとガンジーではかなりパーソナリティは違いそうなのに，どちらも偉大なリーダーです。そこで，どうも個人的なパーソナリティからリーダーシップの本質を見いだすのは無理だと考えられるようになり，リーダーシップとは「誰が」行うかではなくて，「何を」行うかである，すなわち，行動内容がリーダーシップを定めるという研究が盛んに行われました。

行動主義が衰退した後は，状況要因を重視する理論，部下との対人関係を重視する理論などが注目されましたが，「やはりリーダーのカリスマ性だよね」と一巡して，現在はおもに，フォロワーの認知の問題が検討されています。しかし，いずれも決め手に欠けており，リーダーシップに関する理論は，直線的に発展してきたというよりは，いずれの理論も否定はされないまま，その時々の社会心理学の研究を取り込みながら拡散している状態にあります。

近年になって，地位や役割構造が固定していない仕事グループ，いわゆるチームの研究（山口，2008）が進んでいます。最近増えてきた新しい働き方，

たとえば，技術の高い人々がプロジェクトごとに集められ一定期間一緒に働くような働き方に対応しているのでしょう。チームのような組織においては，通常のリーダーとはあり方が異なり，複数の人間によってリーダーシップが担われるとされています。実はこれが，本来のリーダーシップの定義に近い考え方です。

●● リーダーシップとは

　リーダーシップとは特定の人間に備わった資質や能力を指す言葉ではありません。チェマーズら（Chemers & Ayman, 1993）によればリーダーシップは社会的影響過程と定義されており，ブラウン（Brown, 1988）によれば，集団内で他者から影響される以上に他者に影響できること，とされています。すなわち，集団の相互作用の中に見いだされる影響力の一形態であり，1人の人間に集中するとは限らず，時々刻々と変化していく力関係です。しかし長時間をともに過ごす集団の中には，遅かれ早かれ影響力が高いと目されるメンバーが出現し，ある程度の期間は特定の人間に固定化されることになります。

　そのようなメンバーの影響力の源泉は，彼もしくは彼女が提供できる資源（能力や情報を含む）の豊富さによるものかもしれないし，またはより権力の高いメンバーから任命されたという権威を背景にしたものかもしれません。いずれにせよ，その資源や権威そのものが影響力をもたらすのではなく，リーダーが資源ないし権威を持つことに関するメンバーの合意（コンセンサス）が，リーダーに影響力を与えることになります。ジョン・F・ケネディのような，あるいは日本の小泉元首相のような強力なリーダーシップは，熱狂する群衆が作り上げた側面があり，そこにはやはり支持する側（フォロワー）による集団極化現象が見て取れます。メンバーの合意が変化すれば，リーダーの影響力も変化します。リーダーシップを研究するためには，個人の認知や状況だけでなく，集団の合意形成過程に目を向ける必要があります。

●● 優しさと厳しさを兼ね備えたリーダーは可能か

　私たちが人を動かす立場に立ったときには，動かされる側の感情を傷つけないように気遣います。しかし，人を動かそうとすることがしばしば感情的なト

ラブルを引き起しがちなことは，何かのイベントのリーダーになったようなときに経験するのではないでしょうか。リーダーの典型的な悩みは次のようなものです。部下に厳しく接すると，不満が高まる。しかし，優しくしているだけでは，何も決まらないし，だらけてしまう。私のような教員も，あるいは親御さんたちも，同じような悩みを抱えています。では，優しさと厳しさを兼ね備えたリーダーシップは可能でしょうか。親和性と支配性の両立はリーダーシップが本質的に抱えている矛盾点です。この問題はリーダーシップ論においてどのように扱われてきたのか，まずは文献から考察してみます。

●● リーダーシップは3因子構造

　オハイオ州立大学グループ（Stogdill & Coons, 1957）や，三隅（1984）のPM研究によって，リーダーシップには，集団の目標達成にかかわる次元と，集団の維持にかかわる次元の2次元が存在することが示されてきました。PはPerformanceの略で課題遂行を，MはMaintenanceの略で集団維持行動を意味します。優しさにかかわる要因が集団維持次元，厳しさにかかわる要因が課題遂行次元といってもよいでしょう。

　このようにいうとリーダーシップ次元は2次元構成と感じられますが，実は，課題遂行次元の中には2つの因子が含まれています。PM理論の場合は，計画Pと圧力Pと呼ばれています。リーダーシップ3因子は，それぞれ次のような内容の項目に負荷しています。Mはリーダーの部下に対する配慮や集団の維持にかかわる行動，計画Pは課題や目標を示す行動，圧力Pは規則に従わせ努力を要求する行動です。オハイオ州立大学グループの研究によるLBDQ尺度においても，配慮（Consideration）と率先垂範（Initiating Structure）の2因子の他に，圧力Pに相当する生産性強調因子（Production Emphasis）の存在が報告されています（Bass, 1981）。対人認知や対人感情などの因子分析的研究に普遍的に見いだされてきた次元と対応させると，Mは社会的望ましさ，計画Pは知的望ましさ，そして圧力Pは力本性に近いもので，この3因子は対人認知構造としても普遍性のある因子です。

●● 圧力PとMの背反性

　PM理論ではPもMも兼ね備えたリーダーが望ましいとされるため，リーダーシップ訓練ではどちらも発揮するように要請されます。しかし，実際には，厳しくて優しい行動を同時に取るのは難しいことです。ベールズら（Bales, Cohen, & Williamson, 1979）やフィードラー（Fiedler, 1964）は，人間関係志向と課題志向のリーダーシップが1人の人間に両立しにくいとする見解を示しています。実際に，オハイオ研究では，リーダーシップ尺度の2次元の間には -.57 から -.70 の間の高いマイナス相関が報告されています（Weissenberg & Kavanagh, 1972）。この結果に対して彼らは，リーダーが両次元間の行動を独立に行おうと意図しても，部下は相互に関連させて認知するのではないかと考察しています。この見解を支持するものとして，ローウィンら（Lowin, Hrapchak, & Kavanagh, 1969）は，率先垂範行動が，配慮認知を低下させることを示しています。

　私自身が行った実験においてもMがフォロワーの自己評価を高めるのに対して，圧力Pは自己評価を低めていました（山田，1986）。すなわち，圧力Pは部下に対する否定的態度，Mは部下に対する肯定的態度という意味を伴って認知されやすいのです。このように，リーダーシップに内在する親和性と支配性をどのように統合するかは，リーダーシップにおける重要な問題であるにもかかわらず，日本においても米国においても，この問題はあまり表面化してきませんでした。その背景には，次のような事情があります。

●● リーダーシップ尺度から消えた圧力P

　P，あるいは率先垂範次元の中に2因子が入れられてしまったことにより，次の問題が出てきました。生産性への圧力をかける行動である圧力Pは，生産性を上げる効果がありますが，部下からは反発を受けやすい要因です。そこで，質問紙上でリーダーシップの効果を上げようとすると，圧力P項目を削除せざるをえません。ところが，M項目と計画P項目の相関が高いため，圧力P項目を入れておかないとリーダーシップに2次元を仮定する意味がなくなるのです。あちらを立てればこちらが立たずです。

　オハイオ研究でも同じ問題に悩まされていたようです。シュリースハイムら

(Schriesheim, House, & Kerr, 1976)は，オハイオ研究データの再分析を行った結果，率先垂範次元の効果の低さ（Korman, 1966）や，2次元間のマイナス相関の問題（Lowin et al., 1969）は，初期のリーダーシップ尺度に存在した「懲罰的，権威的，生産志向項目の不用意な混入によるトラブル」によるものとされています。その後，生産性強調項目は質問項目の改訂によってほとんど削減されています。事務職向けのPMリーダーシップ質問紙では，モラール変数への効果を高めるために圧力Pの項目が削減されました。

生産性強調因子を削除した結果，オハイオ尺度においても，配慮尺度と率先垂範尺度のプラス相関が高くなり，2次元を仮定する意味が薄れる結果になりました。ラーソンら（Larson, Hunt, & Osborn, 1976）は，LBDQXⅡ版による調査研究を分析した結果，人間関係配慮と率先垂範の間に交互効果は出ないことを示し，冗長性を削るオッカムの剃刀を使うならば，リーダーシップの測定は配慮行動のみの1次元で十分であると結論を下しています。ラーソンは，因子分析研究によくあるような2次元尺度のどちらもが高いのが一番よい，という研究を「High-Highパラダイム」という言葉で揶揄しています。その後，リーダーシップ研究の関心は，リーダー自身よりも状況や部下に移ることになりました。

こうして，リーダーシップ尺度が開発された時点では入っていた圧力Pの項目は，ひっそりと削除されていきました。尺度上のトラブルとともに，リーダーとフォロワーの間のトラブルもまた，なきものにされたかのようです。厳しさと優しさを両立させることの矛盾は，リーダーシップ尺度から規範的影響力を取り除いて情報的影響力のみで構成することによって回避されてきたといえるでしょう。しかし，リーダーシップには命令系統の実行という側面があるにもかかわらず，懲罰的・生産志向的な要因が含まれないというのも不自然な話です。

▎2 ⋯ 優しさと厳しさを兼ね備えるには

では，優しさと厳しさを兼ね備えたリーダーシップはどのように実現可能なのでしょうか。この問題は，リーダーの問題というよりは，フォロワーの対人

認知構造の問題です。次に，フォロワーの対人認知構造について私が検討した研究を紹介します（有馬，1987, 1989）。

企業の従業員に対する調査データを用いて，M・計画P・圧力Pの相関関係を検討したところ，優しさと厳しさの背反性は，リーダーシップ計画Pの認知により変化することが示唆されました（図5-1）。計画的行動が高く認知されているときは，優しさと厳しさを同時に認知することが可能なのですが，計画性のない状態では，厳しいリーダーには優しさを感じられない状態になっています。リーダーシップ認知構造が状況に応じて変化するのであれば，望ましいリーダーとはフォロワーの認知の中にあるものということになります。

図5-1の結果は質問紙上のことなので，因果関係がはっきりしません。そこで，迷路を脱出するテレビゲームを用いた実験でこの仮説を検討しました。

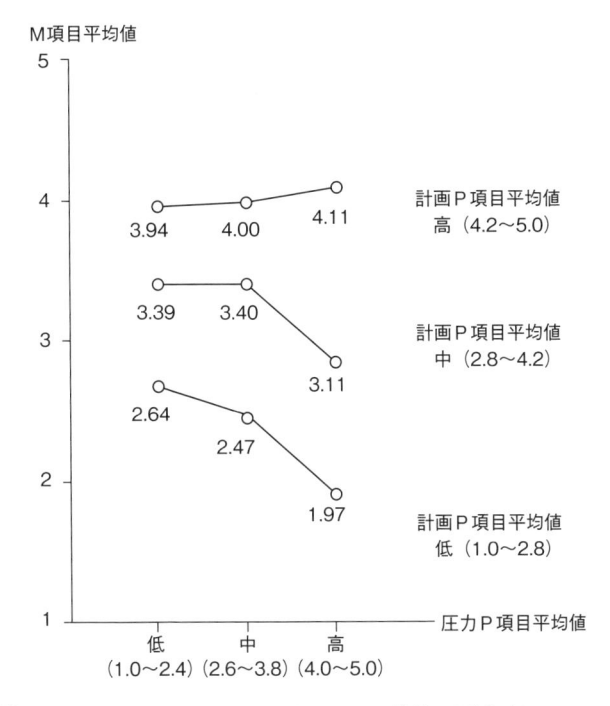

▸ 図5-1　M項目平均値と圧力P項目平均値の関係（山田，1986）

パソコンのモニター上にリーダーからの方向指示が出る条件と出ない条件を作りました。これが計画Pのありなし条件になります。早く行けという圧力Pの指示はヘッドフォンのピー音で出されます。落ち着いて，大丈夫だ，などの配慮を示す行動はメッセージカードで届けられました。途中で火災にあって行きつ戻りつするために脱出できないまま時間切れとなります。その後で，リーダーシップ認知を測定しました。

　この実験の結果，質問紙で示されたのと同じ関係が示されました。方向指示が出ている場合は，配慮行動と圧力行動の認知が無相関になるのに対して，方向指示がない条件では配慮と圧力認知がマイナスの相関関係となります。すなわち，計画P行動によって，優しさと厳しさの独立性が保たれる因果関係が示されました。

　さらに，計画Pがない条件では，圧力P行動認知に伴って，冷たい，自信のない，という性格の印象が付与されていました。この実験の矢印や音はプログラムで出されており，あらかじめ用意されたメッセージカードが届いただけですから，実験参加者はリーダーの声も姿も見ていません。しかし，計画性（矢印）がないまま圧力をかけられた場合は，性格の問題と感じられるようです。一方，計画Pがある条件では，圧力P行動は性格と関連づけられていません。その理由は，計画Pによってリーダーの行動に基準があることが理解できるからだろうと考えています。

3 ・・・ プロトタイプ度とリーダーシップ認知の関係

　自己カテゴリー化理論の研究では，リーダーシップをプロトタイプとしてとらえ直す試みが行われています。集団のプロトタイプ（典型例）とみなされた人間がもっとも影響力を持つ結果，リーダーシップが認知されるという仮説です。そこで，次に，集団討議におけるプロトタイプ度とリーダーシップ認知の関係について調べてみた結果を報告します。

　実験参加者は，リーダーシップ研修に参加した病院勤務の看護師で，20代から30代の43名の女性のみなさんです。実験手続きは，第1章で紹介した女性の役割に関する集団討議実験と同じです。討議後の態度を測定した後，質問

紙により，リーダーとしてふさわしいメンバーへの投票，討議集団内での勢力の順位評定，リーダーシップ PM 認知の相互評定が行われました。討議前の意見の位置（プロトタイプ度）から，討議後のリーダーシップ得点が予測できるかどうかを検討するのが実験の目的です。

討議前の初期平均値傾向は仕事志向であり，討議後にさらに仕事志向の方向に極端化する態度変容が見られました。しかし，非合意集団では逆に，家庭志向の方向に態度が反極化する現象が見いだされました。これは，これまでの実験と同じです。

討議前の意見の位置から算出されたプロトタイプ度得点と，討議後に他のメンバーから評価されたリーダーシップ得点，勢力順位の認知との相関係数を表5－1に示します。仕事志向項目から算出されたプロトタイプ度は，非合意集団においてリーダーシップ M 認知とのマイナス相関が見いだされました。一方，家庭志向項目から算出されたプロトタイプ度に関しては，合意集団におけるリーダーシップ M 認知とのマイナス相関が見いだされました。すなわち，プロトタイプ度とリーダーシップには確かに関係がありますが，それは討議の結果が合意できるかどうかによって変化するのです。合意集団では，プロトタイプ・メンバーのリーダーシップは高く感じられているのに対して，非合意集団では逆に，プロトタイプ・メンバーのリーダーシップは低く感じられています。合意集団と非合意集団では態度変容の方向が逆転していますから，態度変容の方向に沿う方向にいたメンバーのリーダーシップが高く認知されていたことになります。

表5－1 プロトタイプ度各5項目の合計得点と，リーダーシップ認知との相関

	仕事志向項目		家庭志向項目	
	合意集団	非合意集団	合意集団	非合意集団
勢力認知	.2114	-.3472	-.3053	.4337 *
P 認知得点	.1325	-.1519	-.3774 *	.3962
M 認知得点	.1911	-.5009 *	-.2570	.3765

相関の有意性推定　* $p < .05$

■まとめ・・・リーダーシップは,社会からの影響を受ける

　リーダーシップ認知構造の実験結果から,リーダーが計画性を示したとき,リーダーの優しさと厳しさはフォロワーにとって両立するものになることが示されました。このとき,フォロワーはリーダーによって示された基準を内面化し,リーダーからの評価を正当なものとして受け入れていたと考えられます。

　フィリップスら (Phillips & Lord, 1981) は,リーダーシップ認知に対する帰属過程を研究した結果,原因帰属のような推論過程はリーダーシップ認知の後に来るものであり,最初にリーダーの全体的な印象形成が行われているとしています。となれば,経済がうまくいってる間はよいリーダーと認知されるほど単純なものではないのかもしれません。困難な時代にあっても,方向性を示すリーダーがフォロワーを励まし,叱ることができれば,リーダーの基準がフォロワーに内面化され,フォロワーはその方向に自己評価を上げようと動機づけられることが期待できます。

　しかし,オウム真理教などの事例を考えれば,望ましいリーダーと望ましいフォロワーという幸福な組み合わせが,すなわち望ましい集団というわけではありません。強力なリーダーに率いられた集団こそ,もっとも極端な暴力をも引き起こしうるのです。ただし,リーダーによって集団が極端化する例は,外部社会から切り離されたカルト集団のような特殊な状況に見られるものです。現実の社会では,私たちは組織や家族など複数の集団に所属しており,社会全体からの影響力も受けています。

　ホッグら (Hogg, Hains, & Mason, 1998) は,リーダーシップ認知に及ぼすカテゴリー化の効果を検討した結果,リーダーシップ認知とプロトタイプ度の関係は,カテゴリー操作によって変化することを示しています。本章の実験の結果によれば,カテゴリー操作の効果だけではなく,集団が合意できたかどうかによってもリーダーシップとプロトタイプの関係が変化していました。そして,その合意確率は,第3章で見たように母集団における集団の位置によって影響を受けるものです。社会的影響力であるリーダーシップは小集団の中の位置だけでなく,母集団の中の位置による影響を受けていると見てよいでしょう。個人がリーダーシップを発揮して集団を導こうとしても,どの程度の影響力を

発揮できるかは，母集団に共有された知識構造によって，最初からある程度は定まっていることになります。共有知識構造に組み込まれた存在として流されるだけではない新しい流れを作り出す力こそが，本来のリーダーシップといえるでしょう。

　人類は，王政がもたらした苦難の歴史を経て，1人の人間に権力を集中させてはいけないという教訓を得てきました。現代のリーダーには権力を行使するよりも，知識を共有し，合意形成の方向を示すことが求められています。

　リーダーは内集団だけでなく，外集団とも向き合って合意形成をはからなければなりません。地球温暖化会議などの国際会議を見ていると，なんとももどかしい思いがします。理性的に話し合えば人類全体にとって必要な合意に達して当然のように思われますが，なかなか合意を得ることができません。集団間関係では，共有知識構造にずれのある，すなわち「話のかみ合わない」集団を相手に交渉しなければならないからでしょう。どうすれば共通理解を得る基盤となる知識構造を共有することが可能になるのでしょうか。この問題を，次章で模擬社会ゲームから考えてみます。

第6章 集団間関係の中のリーダーシップ

近隣諸国の日本に対する態度を見ると，日本が悪者にされているように感じられることがあります。もしかすると，自国民を団結させるために，故意に仮想敵国を作っている場合もあるかもしれません。それはおそらくどの国も，いつかどこかでたどってきた道であって，どの国がいけないというような議論をしても無意味です。国際関係は集合的ムードの形成過程として考察することも可能（Kelman & Fisher, 2003）であり，どのような状況で集団間の態度が極端化するのか，より広い集団間関係の中の共有知識構造としてとらえる必要があります。

個人の影響力は集団過程の中に置かれるものであり，集団過程は社会の中での相対的な関係に置かれています。よって，個人の認知と集団過程と社会の変動の3つのレベルを同時に検討する必要があります。ただし，集団間関係の実験となると，大量の実験参加者に協力をお願いして，やっと1ケースのデータが得られることになります。そこで次に紹介する実験は一般化できない事例研究として報告します。その事例研究に用いられたものは，模擬社会ゲームと呼ばれる，大規模体験型ゲームです。

1 ・・・模擬社会ゲーム

模擬社会ゲーム SIMSOC（シムソック）（Simulated Society Game, Gamson, 1990）とは，貧富の差がある4つの地域集団と，各地域に点在する組織集団という複合した

集団構造を持つ，大規模な参加型シミュレーションゲームです。参加者にとって，最初の間はゲームの目的は明確ではないのですが，ゲームが進むにつれて経営戦略と環境保護の要因を含んだサバイバルゲームであることが明らかになってきます。そこは参加者にとって想像以上に現実味を帯びた世界となります。40名前後が会する短時間の間に，仲間集団，ライバル集団，そしてリーダーが発生し，生き生きと社会が動きはじめるのです。

　過去のリーダーシップ研究は，実験室実験と現場調査の双方で行われてきましたが，いずれも，1つの集団内のリーダーシップに焦点を絞って行われる研究が大半でした。集団間関係におけるリーダーシップの研究はといえば，必ずしも十分に積み重ねられてきたとはいえません。これは，集団間関係という大規模かつ多数の変数がかかわる状況を，統制された条件下で観察することが困難であることに由来しています。特に，集団間コンフリクトの研究は，統制された条件下で扱うことが困難です。ここで紹介する模擬社会ゲームによる研究も，ゲームによって展開が異なるフィールド実験の手法であるため，実験室実験のような厳密性には欠けるものです。しかし，実験室実験では得がたい集団間のダイナミズムを直接観察する，またとない機会となるのです。さらに，このゲームを利用するもう1つのメリットとして，個人と集団と社会という3つのレベル間の関係を検討できることがあげられるでしょう。

　ゲームの手続きは以下のようなものです。参加者は，ゲームの進行係によって，緑・黄・青・赤の4つの地域に分けられ，一目でどこの地域の所属かわかるように色のついたゼッケンなどを身につけます。それぞれの地域住民は10名前後で，独立した部屋が一部屋ずつ割り当てられます。緑はもっとも豊かな地域で，産業・政党・裁判所という組織を持っています。黄色は2番目に豊かな地域で，産業と政党を持っています。青はやや貧しい地域で，マスコミと労働組合を持っています（マスコミと労組が貧しいというのは，現実とはちょっと違うかもしれませんね）。赤はもっとも貧しい地域で，何の組織も持っていません。それぞれの組織は，4つの地域住民のどこからでも従業員を雇用することができますが，旅券を入手しないと，他地域を訪問することはできません。典型的な例では，ゲームは2日間続き，1日は4, 5セッションに分かれます。1セッションは1時間から1時間半程度，ゲーム世界では1年に相当するもの

とされ，セッションごとに国勢指標が算出されます。

●●● 模擬社会ゲームに見られるコンフリクト

　ゲーム中にはゲーム参加者がコンフリクトを起こすオプションがいくつか存在します。たとえば，自警団の結成，あるいは暴動を起こすなどです。もちろん，本当に暴動を起こすわけではありません。暴動を起こしたぞ，と通告するカードをゲーム進行者にわたすだけですが，暴動が起きると，国勢指標が下がり，組織の収益に影響します。国勢指標に影響させないコンフリクトの手段としては，裁判所に異議申し立てをする方法がありますが，裁判所は一番豊かな緑地域に置かれているため，緑地域の立場を取りがちになります。

　このゲームにおいて，集団間コンフリクトが生じる1つの要因は地域間格差にあります。赤地域には何も産業がないので，生き残るためには他の地域から雇用をしてもらうか，経済的援助を求めなければなりません。2番目の要因は，2つの豊かな地域の対立関係です。参加者はセッションごとに，緑地域か黄地域の政党のいずれかに投票して支持を表明します。政党の利益は投票数によって支払われるため，緑地域と黄地域は支持票を求めて地域を回って競争することになります。他の地域を訪問するためには，旅券を買わなければなりません。よって，他地域を回ってきた人からもたらされる間接的な情報から他地域の状況を推測するしかないメンバーは，他地域へのステレオタイプや合意の誤認を起こしやすくなります。このような設定によって，ゲームとはいえ，現実性の高い状況で社会が運営されるのです。

　ゲーム参加者は，居住地区である地域集団とは別に，仕事をするための組織にも所属することになります。組織は他地域から雇用するため，組織を介した地域間のコミュニケーションが促進されます。しかし，いったん地域間コンフリクトが顕在化すると，参加者は組織よりも地域にコミットする傾向が見られます。

　コンフリクトは必ずしも顕在化するとは限りません。個人のコミュニケーションと同じく，グループ間のコミュニケーションにおいても，相手のグループによって共有認知のフレームが変化します（Diamond, 1996）。ギャムソン（Gamson, 1992）の考察によれば，社会的争点を話し合わせると，不同意

があっても共通のフレームで論議しようとする経過が観察されています。これは，集団間で共有知識構造を得ようとするプロセスがあることを示唆しています。これがうまく達成できれば，集団間のコンフリクトを抑えることが可能でしょう。その役割は，集団間の交渉を行うリーダーが担うことになります。

●● 模擬社会ゲームにおけるリーダーシップ

　模擬社会ゲームに典型的に見られる，リーダーの出現過程は下記のようなものになります。

　ゲームの前半段階においては他地域との交流がほとんどないため，参加者の関心は当面の地域内での課題に向けられます。組織リーダーは従業員を雇用する権限を持つために地域内のリーダーとみなされやすい傾向があります。地域内には複数の組織がありますので，ゲーム前半は組織リーダーを中心に複数のリーダーが存在し，おもにそれぞれの課題領域においてのみリーダーシップをとることになります。

　ゲームの中盤になると，それまでは孤立していた緑・黄・青・赤の4地域の間で交流が活発になります。リーダーは他の地域から必要な資源（通貨や労働力など）を獲得し，他地域からの要求に対応しなくてはなりません。この時点で地域リーダーが1人に定まる傾向が見られます。地域間コミュニケーションの手段が限られているため，地域の代表者としての立場をとらざるをえないからです。SIMSOCの中のリーダーは，内集団を経営しながら同時に外集団との交渉にも臨まなければならないという点で，現実のリーダーに近いものです。外集団の情報を収集し，自地域の意見をまとめて他地域と交渉し，より多くの資源を持ち帰ることがリーダーの課題となります。

2 ... 集団間リーダーシップ

　集団間コンフリクトの発生は，リーダーが地域間でどのような交渉を行うかに依存しています。コンフリクトを起こすか否かの選択肢は，競争と協同と呼ばれます（Deutsch, 1949, 1973）。この選択肢は，ゲーム理論においても，人間の基本的な行動と仮定されるものです。ドイチュの考えたコンフリクトの2

分類を集団間に当てはめた研究によれば，競争と協同は合意性と能動性の2次元の交渉活動に相当します（Van de Vliert & Euwema, 1994）。能動的合意は，集団間で協力を行う行動であり，リーダーシップのM行動に相当します。能動的非合意は集団間で競争を行う行動であり，リーダーシップのP行動に相当します。この分類は，集団間リーダーシップの本質が，外集団と競争の手をとるか，協力の手をとるかというゲーム論的意志決定にあることを示しています。

リーダーにとっては，外集団だけではなく内集団もまた交渉相手となります（Pruitt & Carnevale, 1993）。集団間にコンフリクトが生じたとき，リーダーがとるべき道筋は2つあります。タフな交渉者になるか，平和な調停者になるかです。最初の選択はコンフリクトを拡大させるかもしれず，後者は仲間を満足させられないかもしれません。外集団に譲歩した結果，仲間の信頼が低下してリーダーが交替すれば，それまで積み上げてきた外集団との信頼関係もご破算となります。その一方で，外集団に対して強い態度に出ると，外集団との間の信頼関係は失われてしまいます。これは不信のサイクルとして知られるものです（Adams, 1976）。

リーダーにとって，集団内の合意と集団間の合意はいずれも影響力の源泉になります。リーダーが内集団から十分な支持を得ていれば，規範からはずれることを許される信用が与えられるからです（Hollander, 1964, 1985）。内集団から得た信用は，交渉場面でのリーダーの自由裁量分を増大させるため，状況に応じて強気の態度や引き際を決定できることになり（Lamm, 1973），社会全体を成功に導く可能性が高くなります。そして，外集団との合意をとりつけることに成功すれば，リーダーの地位が外集団から認知されたことを意味しますので，今度は内集団における地位を高める方向に作用します。

●● シェリフの集団間コンフリクト実験

シェリフら（Sherif, 1965; Sherif, Harvey, White, Hood, & Sherif, 1961）は，少年のキャンプ集団を2つに分け，個別の集団として活動させてから，集団を引き合わせて競争させるフィールド実験を行いました。競争的関係に置かれている間，2つの集団は互いに敵意を隠さず，内集団の凝集性（まとまりの強さ）

は高まります。抗争がはじまると、タフでないリーダーは交代させられ、専制的なリーダーが出現しました。集団がコンフリクト状況に置かれたことで、地位の分化が進み、強い影響力を持つリーダーが発生したのです。この実験では2つの集団の競争的状況がしばらく続けられた後、彼らには共通する目標が与えられ、互いに協力せざるをえない状況に置かれました。その結果、2つの集団は互いに敵視する態度がやわらぎ、リーダーシップスタイルも、より民主的なものへと変化したと報告されています。

　リーダーは自分の地位を固める手っ取り早い手段として集団間コンフリクトを利用する場合もあります。ラビーら (Rabbie & Willkens, 1971; Rabbie & Bekkers, 1978) の実験によれば、競争条件下に置かれた集団は非競争条件下の集団に比べて中央集権的なリーダーを持ち、また地位に関する合意がより強く形成されたと報告されています。地位の安定したリーダーに比べて地位の不安定なリーダーは、外集団に対して競争的な行動をとりやすいようです。

　これらの実験から、地位の不安定なリーダーは、集団内コンフリクトを抑制するために集団間コンフリクトを利用する可能性が示唆されます。逆に、集団内コンフリクトが集団間コンフリクトを拡大させる場合もあります。リムら (Lim & Carnevale, 1990) は、集団内の意見の不一致があると、集団間でも合意できなくなる結果を見いだしています。

●● 社会的アイデンティティとコンフリクト

　第4章で見たように、所属カテゴリーが強調されると、外集団との差を大きく認知する極端化がはじまります。しかし、上記のシェリフによるフィールド実験のように、複数の集団を1つの上位カテゴリーに統合することができれば、コンフリクトを収束させられるかもしれません。同様の予測は、社会的公正感の研究にも見られます。タイラーら (Tyler, Boeckmann, Smith, & Huo, 1997) は社会的アイデンティティを上位集団に広げ同一視をさせることによって、集団間バイアスを低下させ公正な分配が達成できることを示唆しています。

　模擬社会ゲームでは、4つに分断された地域カテゴリーがもっとも強く影響しますが、この4つの地域をつなぐ組織が設定されています。組織はどの地域からでも就職できるグローバル企業のようなものです。そこで、組織リーダー

がいかに4つの地域を統合できるかが，このゲームの明暗を分けるポイントとなります。

このような興味から，模擬社会ゲームを用いて集団間コンフリクトとリーダーシップの関係を検討してみました。いずれも，1つのゲームで1データにしかなりませんので，統計的な数値にあまり意味はありませんが，補足としてデータも示しておきます。

3 ··· 模擬社会ゲームを用いた事例研究

3つの事例研究の結果を報告します（Arima, Yoshino, & Yamagishi, 1996; 有馬, 1995, 1997）。

広瀬らの研究グループは，模擬社会ゲーム SIMINSOC（Simulated International Society Game）における集団間リーダーシップを検討（Lwin & Hirose, 1997）した結果，集団間・集団内それぞれにPおよびM機能に相当するリーダーシップ因子を見いだしています。そこでリーダーシップ要因としては，広瀬らの研究結果に従って，集団内P・集団内M・集団間P・集団間Mの4要因を仮定して，因子分析を行いました。

コンフリクトについては，集団内，集団間，社会全体の3層のレベルにおける潜在的コンフリクトと顕在的コンフリクトを質問紙で測定しました。潜在的コンフリクトとは不満や敵意は存在するが，それを相手に表明していない状況です。顕在的コンフリクトとは，当事者間でコンフリクトが存在することが明らかな状況です。ゲームの1日目と2日目の終了時に，リーダーシップ，コンフリクト，そして地域メンバーとしての社会的アイデンティティを測定しました。さらに，地域内と地域外のメンバーが，地域間で競争的な手をとろうとしているか，協力的な手をとろうとしているかの認知を測定しました。

この模擬社会ゲームを成功させるためには，地域集団の利害関係を超えて協力しなければなりません。そのためには，地域集団を包括する社会全体のメンバーであることを意識する必要があります。これを上位カテゴリーの形成と呼ぶことにします。他の地域が協力的であると認知されれば，上位カテゴリーの形成も容易になるでしょうが，競争的と認知された場合は難しいでしょう。上

位カテゴリーが形成されていたかどうかは，参加者がゲームで達成したいと考える目的を調査して，個人的な目標，所属している組織の目標，所属している地域の目標，ゲーム参加者（社会）全体の目標のどれを重要視していたかを指標としました。

●● 集団内コンフリクトと集団間コンフリクトの関係〈観察1〉

実験参加者は217名の大学生男女で，5つの異なるゲームとして実施されました。1つのゲームの参加者数は39名〜46名です。

ゲーム終了後参加者に質問紙調査を行いました。リーダーシップ12項目は，集団内P，集団内M，集団間P，集団間Mの因子に分かれました。コンフリクト尺度16項目は，集団内不和，集団間コンフリクト，社会的コンフリクトの因子にまとめられました。パス解析ではおおむね次の関係が示唆されました。集団間Mは集団間敵意を低下させるが，集団間Pは集団間敵意と集団間コンフリクトを増大させる。集団間Pは社会的アイデンティティと集団間コンフリクトを媒介して集団内不和を低下させる。すなわち，リーダーが集団間で競争的な手をとると，外集団への敵意や集団間コンフリクトを増大させる一方で，集団内の不和は低下する傾向が見られます。これは，ラビーらの仮説を支持するものです。逆にリーダーが集団間で協力的な手をとれば，外集団への敵意を低下させることができるようです。

●● リーダーシップとコンフリクトの関係〈観察2〉

観察1で作成されたリーダーシップ項目とコンフリクト項目を，ゲーム1日目と2日目終了時点で測定しました。実験参加者は63名です。

リーダーシップの認知の変化は，1日目の集団間リーダーシップのP項目とM項目間の相関が.48と有意であったのに対して，2日目では無相関になり，時間の経過によってPとMの認知の分化が進むことが示唆されます。しかし，集団内PMは1日目（.83）も2日目（.76）も相関が高く，分化しませんでした。

リーダーシップからコンフリクトへと，コンフリクトからリーダーシップへの影響のどちらが高いかを時系列データを用いて比較しました。パス解析を行ったところ，次の関係が示されました。リーダーシップからコンフリクトへの

影響としては，外集団と協力しようとする集団間 M リーダーシップがコンフリクトを低下させます。集団間のみならず，集団内の不和も低下させていました。この影響は長期的なもので，1日目のリーダーシップの影響が2日目まで見られました。一方，集団間で競争の手をとる集団間リーダーシップは集団間に敵意を引き起こしますが，これは短期的な効果でした。コンフリクトからリーダーシップへの影響としては，集団内不和が短期的には集団内リーダーシップを低下させますが，長期的にはリーダーシップを向上させていました。顕在的な集団間コンフリクトは，集団間リーダーシップ（協力も競争も）を増加させるのに対して，集団間の潜在的なコンフリクトは協力的行動を低下させていました。

●● 合意の誤認とリーダーシップの影響〈観察3〉

共有知識構造について吟味するために，内集団と外集団意見分布の認知を検討しました。実験参加者は，女子短期大学生96名です。

他の地域と協力したいと思うかどうかの自身の考えを聞いてから，同じ地域のメンバーで協力したいと考えているメンバーの比率と，他の地域と協力したいと考えているメンバーの比率を質問紙で問いました。実際に協力したいと考えているメンバーの比率も質問紙からわかります。各地域で協力したいと考えていた人の本当の比率から推測された比率を引いた差を，合意の誤認の指標としました。

パス解析の結果を図6−1に示します。

内集団や外集団の合意の誤認がリーダーシップとコンフリクトの媒介要因として影響していたことが示唆されます。集団内 M リーダーシップは，社会的アイデンティティを高めて集団内コンフリクトを低下させますが，外集団への誤認を生み出し公正感を低めています。リーダーの注意が集団内だけに向けられると，集団間にコンフリクトが生み出されるようです。

一方，集団間で競争的なリーダーシップには，なぜか，外集団よりも内集団の意見分布を誤らせる働きがありました。内集団メンバーは競争を望んでいるという推測が，実際以上に高くなるのです。この誤解が集団間コンフリクトや社会的コンフリクトを発生させています。これは地域メンバー同士の誤解です

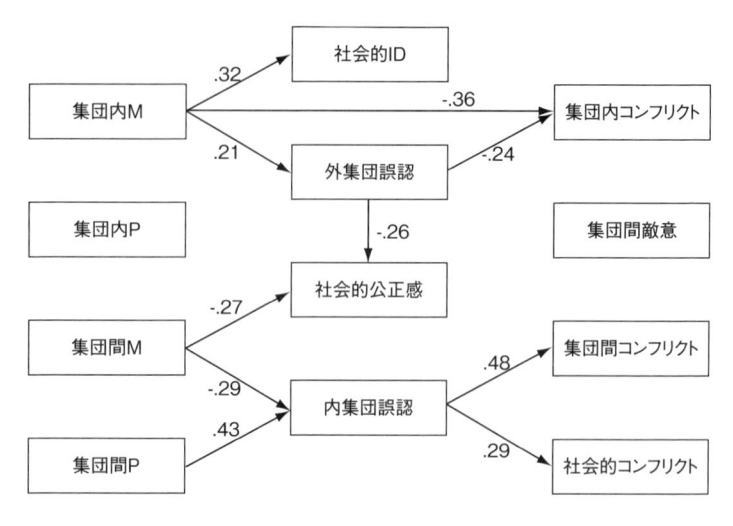

▍図6－1　模擬社会ゲームにおけるリーダーシップとコンフリクトの関係

から，リーダーだけのせいではなくて，外集団と協力していきたいという本音を互いに話せない雰囲気があったことが推測されます。一方，集団間で協力的な手をとるリーダーシップは，内集団への誤認を低下させる働きがありますが，社会的公正感も低めていました。外集団に協力せざるをえないが，自分の地域は損をしている，という感覚があったようです。外集団に協力するか否かがリーダーにとって難しい選択であることがうかがえます。

●● 個人・組織・地域・社会への関心

　ゲームの目標をどこに置くのかについて，個人収入・組織収入・地域収入・国政指標の4つの目標に対する重要度の認知を7段階で問いました。相互の相関関係は，個人収入と国政指標の間に.31（$p<.01$），組織収入と地域収入の間に.67（$p<.01$）の相関が見いだされ，その他には有意な相関はありませんでした。組織目標と地域目標はまとまって1つのものとして考えられていたようです。地域への収入を重視する程度は，外集団誤認によって高められていましたので，集団間に潜在的なコンフリクトが存在しているときに地域の収入を重視するようになることがうかがわれます。興味深いことに，集団よりも個人レベ

ルの目標を重視するほど社会全体へのコミットメントが高いという結果が得られました。

まとめ・・・相互依存性は集団間コンフリクトを抑制できない

　本章では，模擬社会ゲームを用いてリーダーシップと集団間コンフリクトの関係を検討したフィールド観察結果を報告しました。いずれもデータの構造が複雑であるため，統計的根拠の弱い事例研究となりますが，全体を通じた結果としては，自地域中心主義が実際以上に外集団を敵対する相手とみなすバイアスに結びつくこと，特に，他の集団に対して競争的な手をとるリーダーシップが集団間コンフリクトを引き起こす過程が観察されました。このとき，自分は争いを望んでいないが，仲間は望んでいると誤解したまま，集団間コンフリクトに突入しています。紛争時には相手集団だけではなく，意見を交換しやすいはずの内集団メンバーの意見の比率も読み間違っていることは興味深い現象です。

　社会的アイデンティティを検討した第4章でも，社会的アイデンティティが高いほど，意見分布の認知が極端化する現象が見られました。このような誤認を防ぐためには，私たちが社会的アイデンティティを求めるカテゴリーを小さな所属集団から社会全体へと広げる必要があります。そのためには，外集団に協力的な集団間Mリーダーシップが有効ですが，集団間Mリーダーシップが高い地域のメンバーは，自分の地域だけが公正に扱われていないと感じていました。リーダーにとっては，内集団を納得させながら外集団と協力するのは難しい作業です。

　この問題を解決する糸口は，リーダーシップにあるのではなく，メンバーそれぞれの目標設定にあるようです。集団の利益を目標とする参加者よりも，個人利益を追求する参加者の方が，むしろ社会全体への関心が強い結果が示されていました。所属集団レベルにおいてアイデンティティを求めない人は，社会全体に帰属することでアイデンティティのバランスが取れるのかもしれません。こう考えると，所属集団への忠誠心は社会にとってマイナス面もありそうです。

　ゲーム理論では，個人の利益と全体の利益が相反する状況が考察されていま

す。しかし，実際に社会において解決が困難な問題は，個人と社会の利益相反ではなく，所属集団の社会の利益相反の方です。個人と社会の利益相反であれば裏切り者に対する罰や監視も考えられますが，集団よりも社会全体の利益を考える個人は，仲間集団から裏切り者として罰せられてしまうからです。

　模擬社会ゲームを実施する前は，地域を結ぶ組織に所属することで，全体の利益を考えられるようになるのではと期待していました。しかし，模擬社会ゲームだけの結果から見れば，こうした組織体に所属することによる効果は期待はずれでした。組織が他地域から雇用を行って経済的な結びつきを強めても，地域間コンフリクトは低下していません。

　どのレベルのアイデンティティを持つことが集団間の協力をうながすのかについては，課題の性質によっても異なるようです。交渉における動機づけ（個人志向・社会志向）が集団のパフォーマンスに及ぼす影響を検討した実験では，分散してタスクを行う課題には個人志向が，集中してタスクを行う課題には社会志向が高い方がよいパフォーマンスに結びつく結果が見いだされています（Beersma & De Dreu, 2005）。模擬社会ゲームの企業の仕事は分散型になります。空間的な隔たりがある地域で分散化されたタスクを行っている限りは，全体のため，という共有知識構造は発生しないのでしょう。グローバル企業に所属している人であっても，世界人としてのアイデンティティが育つわけではなく，日常的に顔を合わせる範囲の共有知識構造の影響をもっとも強く受けるだろうと予測されます。

　私はSIMSOCを用いた授業を10年近く続けましたが，集団間コンフリクトが起こるため，教育でSIMSOCを使うことはやめてしまいました。世界の問題を解決するためには，地理的な隔たりに関係なく緊密なコミュニケーションが可能となるインターネットが不可欠だと感じています。しかし，ネットワークでつながることは，同調の伝播が一気に広がる危険性をもたらします。アラブの春のきっかけとなったチェニジアの市民革命は，動画サイトに投稿された焼身自殺のビデオからはじまったと伝えられています。このような感情に訴えかけるメッセージは，人に伝えたいという強力なモチベーションを生み出し，広く伝わります。それ自体は悪いことではありません。問題は，中央によるコントロールなしに，ネットワークから自律的な秩序が生まれうるのかどうかで

す。本章では，コミュニケーションが断絶すると意見分布の認知がゆがみ，コンフリクトに至ることが示唆されました。では，すべての人がネットワークによってつながる世界ではどうなるのでしょうか。次章では，インターネットにおける極端化と集合知の可能性について検討します。

第7章 インターネット社会の極化現象

今日，世界各国においてSNS（Social Networking Service）によって新しいつながりを得た人々が，既存の社会システムに対する抗議の声を上げはじめています。それは，これまでの市民運動とは異なり，組織を持たないまま，ネット上の情報を共有する運動体という特徴を持っています。このように人々の選択を示す主体としての可能性を示す一方で，炎上という言葉に象徴されるように，インターネットの議論は極端にふれやすいのではないかと懸念されています。本章では，インターネットの特質を探りながら，ネット上の極端化の意味と，集合知の可能性について議論を試みます。

1 ··· インターネットとは

インターネットとは，インターネットプロトコルにより相互接続されたネットワークを指し，メールやWeb（World Wide Web）はその一機能です。しかし現在，ネットという言葉は，ほぼWebを指すといってよいでしょう。Webとは，ハイパーリンクにより相互参照する仕組みです。このネットワークに検索機能が加わって自動成長データベースとなったことは，人類の知にとって決定的な出来事でした。2008年末に10億を突破したと話題になっていたユーザー数は，2010年3月末に20億を超えたとされており（www.internetworldstats.com調べ），その成長は衰えを見せていません。今やインターネットは社会にとって欠くべからざるものとなっています。

コンピュータ上のコミュニケーションは，CMC（Computer Mediated Communication）と略して呼ばれています。これに対して，対面コミュニケーションはFTF（Face to Face Communication）と呼ばれます。CMCの研究はおもに，チャット・メール・ディスカッションボード（掲示板）などのテキストコミュニケーションについて行われていますが，インターネット上では，音声・イメージ・動画によるコミュニケーションも活発に行われています。チャットなどのように即時の応答がある場合は同期コミュニケーション，掲示板やメールなどのように，応答まで時間がかかる場合は非同期コミュニケーションと呼ばれます。なお，CMCはネット（インターネット），FTFはリアル（現実），と呼ばれることがあり，本書でもわかりやすさを重視してこの言葉も用いることにします。

2000年代以降，Webは互いのページを相互参照するだけでなく，閲覧者が書き込みを行う双方向性が備わりました。Web2.0と呼ばれた展開です。双方向性を獲得して以降，コミュニティ機能が付け加わったBlogやニュースグループが，社会におけるアリーナ（言論形成の場）の役割を持つようになりました。2010年以降は，人々のネットワークを可視化するSNSという仕組みが注目を浴びています。フェイスブック（Facebook）やツイッター（Twitter）などのサービスがその代表的なものです。この発展は現在進行中であり，Webページを記述する言語が新しくなり，ソフトウェアとしての機能を持ちつつあります。おそらく今後も，インターネットは人類の知と意志決定のあり方を変え続けることになりそうです。

2 ··· インターネット上の集団極化現象

インターネット上で極端化が起こりやすいことは，以前から指摘されていました。その効果は，フレーミング効果と呼ばれています。たとえば，電子会議の研究を行ったシーゲルら（Siegel, Dubrovsky, Kiesler, & McGuire, 1986）によれば，掲示板には，発言の均一化と極化効果が見られると報告されています。フレーミングが起こる原因としては，自己を抑制する公的自己意識が低下し私的自己意識が高まる（Matheson & Zanna, 1988），などの分析結果が報告

されています。公的自己意識の低下は規範的影響力を低下させます。一方で，CMC上で情報的影響よりも規範的影響が強くなる結果（Reid, Ball, Morley, & Evans, 1997）もありますので，インターネット上で同調圧力は強くなるのか，弱くなるのかの結論は容易ではありません。

インターネット上の集団極化現象を実験的に検討した研究としては，スピアーズら（Spears, Lea, & Lee, 1990）の研究結果が有名です。スピアーズらはCMCを用いた討議前後の態度変化量に，匿名性と，集団成員性の認知がかかわる結果を見いだしています。その実験は，以下のようなものです。互いに顔が見えない別々の部屋に分かれてチャットを行う匿名性の高い条件と，互いの顔が見える同じ部屋でチャットを行う匿名性の低い条件があります。この条件はさらに2つに分かれ，集団として考えるように教示される集団条件と，個人として考えるように教示される個人条件が設定されました。討議課題は政治的なアジェンダで，あらかじめ多数者の代表的な意見はどういうものであるかを読んでもらっています。実験の結果，匿名性が低い状況ではどちらの条件でも態度が変化しないのに対して，匿名性の高い状況において，集団条件では集団極化現象が，個人条件では反極化現象が見いだされました。

この実験は，インターネットに見られるフレーミング（炎上）は，匿名状況がもたらす没個性化によるものではなく，カテゴリー化による脱個人化であることを示しています。しかし，カテゴリー化の操作によって極化の方向が変わることは，ターナーら（Turner et al., 1989）やエイブラムスら（Abrams et al., 1990）によって対面状況でも示されてきたことです。私が興味深く感じるのは，匿名性の高い条件で有意な反極化現象が見いだされたところです。この結果はおそらく，最適顕現性仮説から説明が可能です。あらかじめ多数者の意見が示されているところに匿名性が加わることによって，少数者のポジションが好まれるようになったのでしょう。スピアーズらの実験結果から，ネット上の匿名性が極端化をもたらす場合もあれば反極化をもたらす場合もあること，その過程には自己概念のあり方がかかわっていることが示唆されます。

匿名性による没個性化（Prentice-Dunn, & Rogers, 1989）と，カテゴリー化による脱個性化（Postmes, Spears, Lee, & Novak, 2005）の概念は多義的で，そこにはさまざまな心理過程がかかわっています。そこで本章では，従来と少

し異なる観点から，匿名性の問題を考えてみます。インターネット上で自己に関する情報をどこまで公開するのかという問題です。

▶3 … 自己にかかわる共有知識

たとえば，あなたが何かに腹を立てて汚い罵りの言葉を吐いてしまったとします。それを，飲み会中に言ってしまった場合，満員の野球場のスタンドで言った場合，けんかをしていて2人きりのときに言った場合を考えてみます。野球場の大音響の中なら，そんな言葉もたいして気にならないでしょう。2人きりの場合は，後で弁解すれば忘れてもらうこともできそうです。しかし，飲み会で言ってしまった場合は，全員が相当酔っ払ってでもいない限り，出席者の記憶の中にあなたにかかわる事実が残され，その事実を変更できる可能性が低くなります。このような，集団の共有知識構造の中に，「私」に関する知識が組み込まれやすい状況が匿名性の低い状態と考えられます。すなわち，話者の同定だけでなく，自己に関する共有知識を変更できるかどうかという，取り消し可能性が匿名性に影響します。

たとえば，誰かを好きか嫌いか，○○に賛成か反対か，といったような主観は，本人にとっても曖昧で変化しやすいものです。2人きりのときにしか現れない関係であれば，その2人にとっても，まだ変化しやすい曖昧な情報です。しかし，その行動が多くの人前で示されるほど，その関係性は集団の中で記憶され情報の曖昧性が低下します。いったん共有知識構造に組み込まれてしまった情報を変更するには，別の情報で上書きをするしかありません。

そこで，多くの他者の知識構造に組み込まれてしまった自己に関する知識は，自己を規定する枠組みとして働くことになります。最近使われる「キャラ」という概念に近いかもしれません。盛り上げ役や，いじられ役などの立ち位置が，仲間集団の中で定まってしまうことです。子どもたちがいじめを受けても親に言いたがらないのは，家庭における自己のキャラまで変化させたくない，という気持ちも働いているでしょう。

このように，集団に共有された「私」に関する知識によって自己概念が変化するとすれば，集団ごとに異なる自己概念が形成されることになります。自己

に関する情報をコントロールしやすいインターネット上では特に，集団によって「私」を使い分けることが容易になります。

ここで，インターネット上に集団を成立させる要件を考えておきます。社会的アイデンティティ理論によれば，カテゴリー（所属集団の名前）が自己概念を変化させる効果によって集団が成立すると考えられてきました。これは，カテゴリー名を与えられただけで自分の集団に多くのお金を分配する結果を示した，最小限集団実験により実証されています。しかしこの実験に対して，自己概念の変化で説明せずとも，閉じられた集団内では互恵性（情けは人のためならず）が期待されたためではないか，とするゲーム理論からの批判もあります。本書では，カテゴリー操作の効果は予測される共有知識構造が変化することによってもたらされると考えています。

ネット上の集団の成立条件としても，カテゴリーが先に立つのではなくて共有知識構造を必要条件と考えることが可能です。たとえば，ツイッター上で同じ話題について話し合う集団が短時間の間でも認知されれば，カテゴリー名がなくても集団となります。特定のメッセージを送ったときに，そのメッセージを送ったIDに返信するであろう人々が集団成員となります。

このように考えてみると，ネット上の匿名性には矛盾する側面があることがわかります。ネット上の集団が解散した後は，話者が同定されにくい匿名性があります。しかし，リアルなら言ったそばから本人も忘れる程度のジャンクな情報ですら残されていくのがネットです。IDを変えても，分散された「私」が複数の共有知識構造の中にいつまでも存在することになります。その場で同定されなくても「取り消し不能」な自己に関する知識が本人にも意識され続けることになります。

●● ツイッターの怖さ

携帯やスマートフォンを常に持ち歩くようになった結果，非同期コミュニケーションと同期コミュニケーションの間くらいの，常にレスポンスを待ち受けているような心理状態が見られるようになってきました。このような状態はネット依存状態と呼ばれますが，もはや珍しい心理状態ともいえないでしょう。私たちの心の一部を，いつも相互作用の場にとらえておく媒体が数多く現れた

からです。ツイッターはそのような媒体の代表ですが,フェイスブックなどのSNSにはおおむね同じ要素があります。

　その特徴として,読んでいると想定されるメンバーの数によって,コミュニケーションに質的変化が見られます。少数のメンバーを予想しているときは,仲間内コミュニケーションが行われますが,増加するに従って一般向けの発言に変わります。しかし,特定の相手に反応して書き込んでいるときは言葉遣いが変わります。その相手との共有知識構造が記憶に呼び起こされ,それを用いた会話が行われるからです。偶然に反応してきた知らない人に対しても,相手に注意を向けて,相互作用のために必要な知識を呼び起こそうとします。その結果,認知上は特定の相手に集中した準備状態になっているにもかかわらず,同時に不特定多数に公開されるパフォーマンスとなる,不自然な状況がSNS上に見られます。

　ネット上で特定の相手と相互作用するとき,相手のモデルを自分の認知内に作り上げて,そのモデルと相互作用をすることになります。単純なテキスト情報(メッセージ)からでも,自動的に相手のパーソナリティや能力まで推論したモデルを作って相互作用の準備をしているのです。たとえば,第4章で紹介したリーダーシップ認知の実験では,リーダー役のサクラは実験参加者とは顔を合わせずに,実験者が用意したメッセージカードを渡しているだけでした。ところが,パソコンのモニターに矢印が表示されたかどうかの条件の違いだけで,同じメッセージから読み取られるリーダーの性格が変化していました。私たちは,対面する相手の気持ちを読み取る能力は,自身で気づいている以上に高いようですが,テキストから読み取る能力は,自身で気づいている以上にへたくそなのかもしれません。

　その1つの例として,次に,討議メンバーに分配する情報の量をコントロールして,情報量がメンバーの能力の認知にどのように影響するのかを検討した実験(有馬,2010)を紹介します。この実験はグループの数が十分ではないため,統計的な証拠のない事例研究になります。

4 ・・・ 非共有情報が対人認知に影響する

　24名の実験参加者に，有罪・無罪の意志決定を行う模擬陪審員となって，匿名性の高いチャット上で話し合いをしていただきました。話し合いをするグループは4名で，1人ずつ裁判に関係する情報が分配されています。課題では，すべての情報を正しく組み合わせた正解は無罪なのですが，全員が共通して持っている情報は，有罪を印象づける情報の数の方が多い構成になっています。4名に分配された情報には，アリバイとは関係のないダミー情報と，無罪を立証するのに必要なアリバイ情報がありました。それぞれの共有情報量を調整して，共有情報を多く持っているメンバー（共有大）と，他の人は持っていない非共有情報を多く持っているメンバー（共有小）に分けられています。これらの情報の共有性が，対人認知にどのように影響するかを見るのが実験の目的です。

　討議終了後，各メンバーの貢献度の評価をしていただきました。その結果，共有情報を多く持っていたメンバーへの評価は情報の内容にかかわらず同じ程度であったのに対して，非共有情報を多く持っていたメンバーへの評価は，情報の内容によって変化する傾向が観察されました。結果を図7－1に示します。ダミーの非共有情報を持っているメンバーの貢献度がもっとも高く評価され，アリバイを立証する非共有情報を持っているメンバーはもっとも低く評価されています。実際のメンバーの能力とは関係なく，持っている情報の量と方向によって，メンバーの評価が変化しています。

　この結果は次のように解釈しています。有罪の印象が強い証拠群を与えられた討議集団は，有罪を立証できるかどうかという文脈から情報を吟味することになります。この文脈の中では，議論の方向（有罪）と合致するダミー情報の方が，共有知識構造の中に新たな情報を位置づけることが容易であったと考えられます。一方，議論の方向に沿わない無罪方向のアリバイを立証する情報は，課題に対する認知的スキーマの中に位置づけることが困難であるために，むしろ議論を阻害するものと感じられたのでしょう。その結果，他の人が知らないアリバイ情報を持っていたメンバーはかえって低く評価され，知らないダミー情報を持っていたメンバーの影響力の方が高く認知され

●この人はグループに貢献していたか

情報の種類
—— アリバイ情報
----- ダミー情報

共有情報量

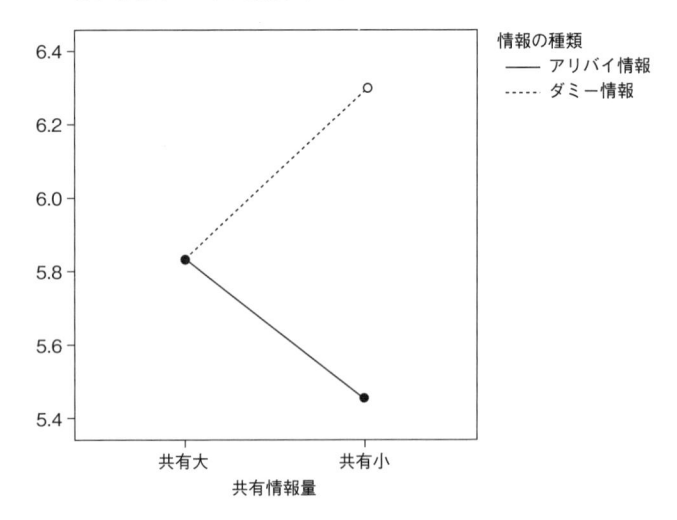

図7-1　対人認知に及ぼす共有情報量の影響

たのだと考えられます。

　共有情報量と勢力認知に関しては，矛盾する仮説が存在します。認知的中心仮説（Kameda, Ohtsubo, & Takezawa, 1997）によれば，他のメンバーとの共有情報が多いメンバーは，その立場が少数者側であったとしても，課題決定に対する影響力が強くなると予測されています。一方で，情報的影響仮説によれば，他者と異なる情報を多く持っているほど影響力が強くなると予測されています。私の観察結果は，そのどちらも支持するものではありませんでした。議論の方向が共有されている方向と一致している情報かどうかによって，共有情報を持っているメンバーの能力が異なって認知されるのです。

　この結果は，議論の方向と同じ方向の意見を持っていたメンバーに高いリーダーシップ認知されていた第5章の実験結果とも一致するものです。討議結果や対人認知は，集団の共有知識構造の影響を受けており，特に，相手のことをよく知らないネット上ではその効果が強くなります。この実験の観察結果から，読み手が理解しやすい文脈で非共有情報を発信する人ほど，ネット上での影響

力が強くなることが予想されます。

5 ・・・ インターネット上での文脈の共有

　ネットにおける炎上やデマが，本当にリアルより多いのかどうかについては，比較を行うことができないのでわかりません。みんながリアルでしゃべっている悪口の数やけんかを数えることができれば，ネットより多いかもしれません。おそらく，ネット上にデマや炎上が多いように感じられるのは，それがログとして残され拡散するからでしょう。

　ただし，どうもネットでへんてこな考えが流行っている，と感じることも多いように思います。これもおそらく量としてはリアルと大差はないのかもしれません。しかし，ネットで情報が細分化され再編集されてしまうと，もとの発信者が持っていた知識構造を予測することができません。そこで，疑似科学も通常科学も等価な情報としてネットに蓄積されていくことになります。上述の実験のように，文脈にのる非共有情報だけが影響力を持つのであれば，ネット社会にはわかりやすい文脈で極端化が進行すると予想されます。これを防ぐことは可能でしょうか。

　インターネットのアーキテクチャ（設計）は，文脈を変化させる効果があります。現在のアーキテクチャがもたらす効果としては，おもに2種類考えられます。1つは，発言の文脈を解体し再構成させる技術，もう1つは，人々にネットワークを形成させる技術によるものです。まず，インターネット上で発言の文脈がどのように共有されるのかを検討した後で，ネットワークについて検討します。

●● 共有知識の予想は社会的手がかりによって行われる

　テキストによるコミュニケーションは，社会的手がかりが少ないことが特徴です。相手の性別や年齢などの，社会的カテゴリーがわからない状態です。これが，共有知識の手がかりがない状況を作り出します。第3章のはじめに，私たちは案外，共有知識は正確に予測できるらしいという研究を紹介しました。音声や対面の相互作用でなら，相手の性別や年齢などの社会的手がかりが得ら

れるため，知識構造の予測などが比較的容易です。しかし，文字によるコミュニケーションでは，何が適切な発言であるかの手がかりがありません。そこで，コミュニケーションの前提を作る文脈の手がかりは，アーキテクチャによって規定されることになります。

●● インターネット上では文脈が再構成される

　CMC 上では，過去ログ・掲示板のタイトル・サイトの設計などにより，情報の発信者側がコミュニケーションの文脈を規定することが可能である一方で，受信者側もタグやリンクによってもとの情報を再構成して新しい文脈にはめ込むことが可能です。ネット上では，情報の受け手が発信者となるサイクルによって，知識の断片化と再構成が常に行われているのです。たとえば，ツイッターは文脈を共有しないところに特色がありますが，ハッシュタグや，派生したサービスである Togetter などによって文脈共有機能が加えられています。

　普通の会話では場面ごとに，頭の中で知識を再構成して共有知識構造を作り上げますが，インターネット上では，それが可視化されているともいえるでしょう。精緻な議論を行っているブログやサイトなどであっても，検索からたどり着いた人は，検索に用いた単語から文脈を予期して読みはじめることになります。コメント欄によって文脈が再定義されることもあれば，断片化されたテキストが抜き出されて発信者が意図しない文脈にまとめられることもあります。どのような断片が伝播しやすく，どのような文脈で再構成されやすいのかといえば，感情を共有させやすい情報と文脈です。

●● 感情の共有と伝播

　言語が進化した理由は，私たちの祖先が毛繕いの代わりに噂話をするようになったから，という仮説があります（Dunbar, 1996）。感情は非言語的に伝染するルートと，言語を通じて体で体感され伝播するルートがあると考えられています。

　私たちは，対面する他者から無意識のうちにさまざまな情報を受け取り，影響を受けています。たとえば，相手が情動反応を示しているとき，同じ身体反

応を無意識にとることで，同じ情動を持つようになる情動感染と呼ばれる現象があります。この情動感染は，表情・声などを無意識のうちにまねる効果によるもので，録音された音声のトーンによって情動状態に変化が起こされる，心理検査を行う検査者の情動状態で絵画統覚テスト反応が変わる，などの研究結果により実証されています（Neumann & Strack, 2000）。

　近年の脳科学研究では，この情動感染にはミラーニューロンがかかわるのではないかと考えられています。ミラーニューロンとは，相手の行動を自動的に自分の行動としてシミュレーションする神経細胞群です。これはもともと猿の脳に発見されたものなのですが，イアコボーニ（Iacoboni, 2008）は同じ働きをする神経領域が人間の言語野に発見されたことを報告しています。ここから彼は，人間にとって言語の起源は「物まね」ではないかと考察しています。言語がもともと身体的な他者との同期作用を起源としているのだとすれば，他者の言葉の影響は，意識的なものだけでなく，無意識的な領域に及ぶことになります。ミラーニューロン研究結果によれば，言葉を聞いているときは，自分も同じ言葉をしゃべるときに使う運動神経を活性化させており，言葉が，私たちを即座に身体的に「同期」させる力があることが示されています。

　私たちは巨大な地震があったとき，焼身自殺をした同胞がいることを知ったとき，それを見て感じた強い情動を誰かと共有し，その意味を確認したいと感じます。ネット上にその感情が急速に伝播した結果が，革命であれ暴動であれ，コンテンツやそれを拡散させたインターネットに罪はありません。強い情動を喚起させる刺激と，単純化された意味づけ，そしてネットワークがあれば，対面でもネットでも同じことは起こりえます。問題は，第6章で見てきたコンフリクトの起きやすい状況がネット上で再現されるとき，すなわち共有知識構造ごとに分断された状態で極端化が進み，社会的アイデンティティと結びつく場合です。これはインターネットの問題というよりは，ネットワークの構造の問題です。

6 ··· ネットワークと極化現象

　世界は案外小さい。たったの6ステップで手紙をつなげば世界中の人とつながることができる。もともと社会心理学者ミルグラムの命名になるこのスモールワールドネットワークを，ダンカン・ワッツ（Duncan J. Watts）が数学的に記述することに成功したことで，ネットワークの科学は最先端の科学となりました。この研究領域は，複雑系ネットワーク科学として注目をあびています。複雑性科学でいうところの，相転移と創発的特性が見いだされるからです。最初はばらばらのネットワークが，数本のリンクをつけ加えることによって，一気に全体が結ばれます。そのスピードはネットワークのサイズに依存しません。リンクで結ばれる距離は，臨界点に近づくほどべき乗則に従って加速度級に長くなり，微少なレベルの現象から，巨視的なレベルでとらえる現象へと相転移します。水が氷になるように。

　今や世界はネットワークで結ばれており，局地的な変動が即座に世界に影響する時代となりました。たとえば物資に対して過剰に膨らんだ金融資本は，信用，すなわち「みんなの合意」を基盤としていますから，ネットワーク上に信用不安が広がれば一挙に経済が崩壊する危険性といつも隣り合わせになっています。ネットワーク上にどのように合意形成が創発するのか，その合意は社会において持続的な制度として成立しうるのかという問題は，今世紀の重要な研究課題です。

　インターネットのリンク構造には，バラバシら（Barabási, Jeong, Néda, Ravasz, Schubert, & Vicsek, 2002）のスケールフリーネットワークモデルの当てはまりがよいことが知られています。これは，新しく追加されたサイトは，もともとリンクの多かったサイトにリンクを張る可能性が高い，というルールに基づくネットワークです。科学者の共著者ネットワークも同じような成長を示します。スケールフリーネットワークは，リンクが集中するハブにさらにリンクが集中することにより，格差がますます拡大する過程を予測しています。その一方で，末端であっても検索に引っかかり商売が成り立つようなロングテールと呼ばれる効果も知られています。チャンスの広がりと格差の増大は，ネットワークの成長に伴って起きる表裏の現象なのです。

●● ネットワーク構造としての両極化

　スモールワールド・ネットワークは，クラスター（リンクが密な塊）に分かれながらも，全体が数ステップで結ばれる構造で，現実社会への当てはまりがよいとされています。ワッツ（Watts, 2010）は，インターネットを利用したフィールド実験研究も行っています。たとえば，聞いたことのない楽曲をダウンロードできるサイトを用いた実験では，最初から曲に評価が入力されていると，それが何の曲であるかにかかわらず，ヒットしやすくなる結果は興味深いものです。これをコミュニティに分けると，コミュニティごとに異なる曲が選ばれます。最初はランダムに生じた差異が，クラスターごとに特異な文化として成長していく過程です。

　クリスタキスら（Christakis & Fowler, 2009/ 鬼澤訳, 2010）は，喫煙習慣や食事習慣などがネットワークを通じて広がることを示しています。行動そのものというよりは，その行動を容認するような規範，すなわち情報に対する評価が伝播するためと考えられます。クラスター内に居続ける人は，態度の持続性が高い（Visser & Mirabile, 2004）ことも報告されています。これらの研究は，クラスターごとに共有される知識構造が存在することを示しています。

　知識構造の差異がネットワーク上にクラスターを作り出すのか，ネットワーク上のクラスターが知識構造の差異を作り出すのかについては，どちらの可能性もあります。クリスタキスが二極化したネットワーク構造として示している事例は，共和党支持と民主党支持，中絶反対と賛成など，米国の世論を二分しているトピックスです。日本では，中絶反対と賛成は議論になっていないため，この問題に関する二極化したネットワーク構造はありません。すなわち，ネットワーク構造上で二極化するのは，私たちの知識構造において二極化していることが原因であり，インターネット上のネットワーク構造は，私たちの共有知識構造を映し出したものと見ることができます。

　一方で，2000 年代より顕著になっている米国議会の保守とリベラルの二極化は，インターネットのネットワーク構造上では 1980 年代から 1990 年代に一気に進んだことをクリスタキスは報告しています。この例では，議会における二極化よりも先にインターネット上に二極化が現れています。よって，知識構造上の二極化がインターネット上のネットワークに現れ，それが行動上の極端

化として発現するサイクルがあるのかもしれません。その結果，インターネットのネットワーク構造は，排他的なクラスターを作り出すことになります。たとえば，ある問題について賛成側のサイトは賛成側のサイトにしかリンクを張らないし，反対側は反対側のサイトにしかリンクを張らない傾向があります。これには必ずしも悪いこととは限りません。マイノリティ集団が居場所を見つけて生き残りやすくなり，全体としては多様性が保存されることになります。

しかし，クラスター内が同質化すると，偶然どちらかの立場のサイトに入った読み手は，リンクをたどることによって同じような意見にだけ触れることになります。価値観の方向性が共有され，同じ価値観のリンクをたどって知識を増やすプロセスは，本書で仮定している集団極化現象のプロセスそのものです。ネットワーク構造の二極化が，私たちの知識構造の二極化を進める可能性は否めません。おそらくこの2つは因果関係としてとらえるよりは，同じ複雑系現象が異なるレベルに現れたものととらえるべきなのでしょう。ネットワーク構造に現れる現象のレベルと，個人の頭の中の知識構造に現れる表象のレベルです。

●● ネットワークによって分断される共有知識構造

私は，昔はあんなにおもしろく感じられたロールプレイングゲームが，最近ではつまらなくなってしまいました。飽きた，というのが本当のところかもしれませんが，ちょっと違う理由を考えてみます。

1つには，ゲームが難しくなりすぎてわからない，と感じます。一方で，簡単になりすぎてつまらない，とも感じます。適度なレベルで新しいと感じさせるゲームがないのです。これは，ゲームに関する共有知識が，特殊なクラスターごとに分断されてしまったのが理由かもしれません。その状態では，特定のクラスター向けに作っても，万人向けに作っても，ヒットにはつながりません。おそらく，テレビや音楽業界でも同じことが起きているのではないでしょうか。万人向けに作られたコンテンツは，ほとんどの人にとって，すでに知っていることになりますが，セグメント化された消費者向けに作ると，今度はほとんどの人には文脈が理解できないものになります。第4章の笑いの話でも書きましたが，誰にでも理解できそうなことも，誰にも理解できないことも，おもしろ

くは感じられません。おもしろさとは，意味が解体され再構成されるカオスの淵に存在するものなのです。

　黎明期には小さな世界の文脈を共有する人々のみによって利用されてきたインターネットも，今や世界中で老若男女が使う媒体となりました。個人が持つそれぞれの深い知識から「おもしろい」と感じられる情報を，顔の見えない人々すべてに通じる言葉で伝えるのは不可能です。そこで，知識構造を共有できる人々がSNSなどを通じて自然に集団を形成する傾向が現れたのかもしれません。ポスト・バブル期以降，ゲームだけでなく音楽から服飾・出版に至るまで大きくヒットするものはなくなり，細分化された集団ごとに流行るようになりました。大きな物語が見失われたといわれますが，「おもしろさ」を感じる文脈を共有するにはあまりにも情報量が増えすぎたために，すでに知識構造は分断されていたのかもしれません。それが，インターネット上のクラスターとなることで，さらに分断が進行しつつあるようです。

　しかしその一方で，インターネットは知識を集約する装置でもあります。ネットでデマや非科学的な議論が拡散するときには，そこに付くネガティブな評価コメントも増えていくように，インターネットではフィードバック学習が絶えず集合的に行われています。検索をすれば，曖昧な情報よりは証拠が吟味された情報が上位に上がってきます。このような自然に情報価の高い情報を浮かび上がらせる働きは集合知と呼ばれています。

7 ... 集合知

　集合知とは，分散された情報処理の集合体によって示される知性のことです。人間だけではなく，たとえばアリやハチのような昆虫にも見られます。それぞれの個体が認識できる範囲や，情報処理能力は限られたものであっても，全体として高度な知的能力が発揮されるときは集合知と呼ばれます。

　ベストセラーとなった，スロウィッキーの『「みんなの意見」は案外正しい』(Surowiecki, 2004/ 小高訳, 2006)には，集団で話し合うよりも，個別の考えを機械的に集積した方が正解に近づくことができたという事例が多数紹介されています。「話し合うほどバカになる」その原因は，同調が起こり，考えの独

立性が保てなくなることにあります。さらに，他者の考えを予測しあうことになる共有知識構造も共有されない方が好ましいとされます。急速に同調が広がるカスケードが起こるからです。

　スロウィッキーは，集合知を成り立たせる要件として，多様性・独立性・分散性・集約性の4つの要因をあげています。ローカルな情報を収集する分散された主体が，多様な文脈により独立に判断を行い，最後にその判断を機械的に集約するシステムがあれば，人間にも集合知が期待できるのです。

　集合知についてもっともエレガントな研究を行っているのはペイジ（Page, 2007/水谷訳, 2009）です。彼は，数式かシミュレーションで扱える要素に課題を分解したうえで，課題解決にあたる集団の思考経路を分析しています。私の理解するところによれば，観点（知識構造）・解釈（文脈）・ヒューリスティック（ショートカットリンクの張り方）・予測モデル（回帰式に投入する要因）のそれぞれにおいて，メンバー間に多様性がある集団の方が，よりよい課題解決が可能となることが示されています。同じような観点を持つメンバーだけで問題解決にあたると，よりよい解法があることに気づかないまま，局所解に落ち着いてしまうからです。集合知が働くプロセスは，多様性予測定理によってシンプルに説明されています。各個人の誤差（解答と正解の差）の総計は，個人の解答の分散と，集団（解答平均値）の誤差を足し合わせたものに等しくなります。すなわち，正解のある課題であれば，集合知（みんなの答えの平均）は，みんなの答えのばらつきが大きいほど正しくなります。これは予測ではなくて，必ずそうなるという定理です。群衆はランダムに間違えるほど，賢くなるのです。

●● 多様性の効果はあるのか

　多様性，という言葉をよく聞くようになってきました。元来は，生物多様性など，地球環境に関して絶滅危惧種を守る必要性の論拠としてよく使われる言葉です。生物多様性が必要である理由は，生物が食物連鎖のネットワークの中に存在するために，ネットワークのノード（結節点）となっている生物種が消えると，ネットワークすべてに影響が及んで，その結果が予測できないからです。よって，基本的に多様性には善というイメージがあり，さまざまな領域で，

うまくいっていないシステムを救う救世主として多様性の効果に期待が寄せられています。

　第2章で見た共有知識効果は，集団が単純なものの見方をしてしまうことを示す「残念」な過程ですから，組織研究の分野においては，チームに多様な情報を持つメンバーを入れることの重要性が強調されてきました（van Knippenberg & Schippers, 2007）。たとえば，デ・ドルーら（De Dreu & West, 2001）は，意見の異なる少数者のいるチームであり，かつ参加性の高い場合は，仕事のうえで革新的な方法をとりやすい結果を見いだしています。組織心理でいうところの多様性には，意見の差のみならず，メンバーのバックグラウンドの違いも含まれています。メンバーの知識構造の多様性がはかられることによって，質の高い意志決定が行われ（Schulz-Hardt, Jochims, & Frey, 2002），新しい視点をチームの中に持ち込んで創造性を高める効果が期待されるのです（Dugosh, Paulus, Roland, & Yang, 2000）。

　しかし，必ずしも多様性がよい方向に働くばかりではありません（van Knippenberg, De Dreu, & Homan, 2004）。ペイジの研究によれば，多様性には良い面と悪い面があるとされます。集団の中に多様な観点や解釈があるとコミュニケーションが難しくなります。そして，メンバーの好みが多様である場合には集団は正解にたどりつけなくなります。評価軸が定まっていないと，正解に近づける一定の解が得られなくなるからです。そこで，集合知を働かせるためには，「適切な」形の多様性が必要とされます。それは，インターネット技術によって達成されるのではないかと期待されています。

●● インターネットにおける集合知技術

　ネット上の集合知にはさまざまなタイプのものがあります。代表的なものは，投票などによって正解を当ててもらう予測市場です。情報を集約するだけでなく，情報への評価を投票してもらってランキングを作れば，私たちにとって有効な情報が取捨選択されて残されてくることになります。Googleが検索技術として用いたページランクシステム，すなわちウェブサイトの重要性をリンクの多さで判断する方法もこの1つです。

　他にも，よく知られたものとして，ウィキペディアやリナックス開発に見ら

れるような協同作業により，共有知識構造を可視化する分業型の形態による集合知があります。近年は，自然言語処理やデータマイニング手法を用いた意味の収束や変動の検討が行われており，特定の目的に供する集合知システムの構築も試みられています。MIT が集合知プロジェクトとして行っている単語あてゲーム（Open Mind Common Sense: http://openmind.media.mit.edu/）などは，英語圏の普遍的な共有知識構造を探るものといえるでしょう。このような人工知能が洗練されることによって，共有知識構造の理解が進むのではないかと期待されます。

MIT の集合知ウィキ（Center for Collective Intelligence, http://cci.mit.edu/）によれば，集合知を促進させる要因として，多様性やタスクのモジュール化（分散性）・機械的・非階層的な組織（独立性・集約性）の他に，語彙やメタ認知の共有，メンバー間のコミュニケーションやインセンティブ，そして学習も必要とされています。これらの要因の中には，独立性を保証する要因も，妨げる要因も入っています。集合知を Web 上で働かせるうえでは，個人の知識を集合的に利用できるようにしたうえで，なおかつ知識を共有させすぎないローカルなものにとどめるバランスが必要となります（Stahl, 2006）。

さて，このようなシステムが現実のものとなったあかつきには，民主主義はどのように変化するでしょうか。スロウィッキーやペイジの考え方に従えば，私たちは，集団で話し合うのはやめて，個別判断による投票に委ねた方が正解に近づけることになります。となれば，原発を廃止するかどうかなどの決定も，国会で決めるよりも国民投票で決める方が，正しい結果を導くかもしれません。こういわれると，おそらく，政府や自治体のみなさんは，情報を十分に吟味できていない（あるいは知らされていない？）国民投票の判断は危ないと感じるでしょう。なかには本当に「アブナイ」考えも混じっているような衆愚に任せて大丈夫だろうかと。しかし，個々の判断が多様であればあるほど，結果は正解に近づくのです。

集合知は，おもに2つの効果から成り立っていると考えられます。大きな数によって誤差が相殺される効果と，ランダムな動きが入るため局所解で安定せず探索が続けられる効果です。最初の要因は一時点において現れ，2番目

の要因は，フィードバックのある繰り返し試行の時系列の中に現れます。フィードバックがなければ，繰り返し要因と人数は同じ意味になりますが，フィードバック・ループがあると複雑系現象となります。複雑系の観点から見ると，これらの要因が正しく働くためには，エージェント（個人）は局所的な情報しか知らない状態でいる必要があります。言ってみれば，全体を俯瞰する視点を持つのは，集合知を利用する者だけにとどめ，集合知に寄与するメンバーは，全体を見ることはできない「バカ」でなければなりません。問題は，集合知の構成者でもあり利用者でもある私たちが，「バカ」ではいられないことにあります。集合知は私たちに認知されることで再帰ループに入ってしまいます。

●● 集合知は正解のある課題にしか使えない

　たとえば，選挙について考えてみます。通常，私たちはどの政党に投票するつもりなのかは，かなり親しい人にもあまり話さないので，投票行動はさまざまな意志決定の中でもかなり独立性・分散性・多様性・集約性が保たれている方だといえるでしょう。すなわち，選挙は少なくとも会議よりは集合知に近いはずです。それでも，一過性の人気により大きく選挙結果が変動します。その理由は対面で話し合わずとも，さまざまなルートをたどって私たちは母集団の共有知識構造の影響を受けるからです。「表象は感染する」（Sperber, 1996/ 菅野訳, 2001）のです。

　ペイジによれば，集合知には，さまざまな専門家が持つ回帰モデルを，同時に粗く使う能力があるとされます。モデル1つひとつの精度は専門家の方が高くても，回帰式に投入される要因は集合知の方がはるかに多いために，集合知は専門家よりも正確な予測を行いうる潜在的能力を持つことになります。専門家は，自分が持っているデータ数以上に要因を回帰式に投入することはできませんが，莫大なデータから現れる集合知であれば，より多くの要因を吟味できるからです。ところが，集合知にも弱点があります。ペイジの結論を重ねると，集合知が働くには次の条件が必要となります。評価軸に関しては一様であり，かつ，個々の情報の解釈や解法は個人の独立性を保つことです。それは可能でしょうか。

政策が実行された結果に対して，何を持って善し悪しを評価するのかを考えてみます。国民総生産が上がるのがよいか，国民の幸福度が上がるのがよいか，という2つの評価軸があるとします。どちらの指標にするかによって判断が変わるのではないでしょうか。たとえば，原発を推進するかどうかの決定の正しさを，経済指標を上げるか幸福度指標を上げるかで比較すると予告されるだけで，結論も変わりそうです。どのような軸で評価するのかという好みと，情報の解釈は知識構造の中で絡み合っているからです。そして，評価軸が共有されていることが意識されれば意見分布の予測が行われ，判断の独立性は低下します。この観点から考えると，「いいね」ボタンや，評価者を評価する投票システムは，評価軸を共有させることによって集合知の正確さを上げはしますが，判断の独立性を低下させるという点で集合知の妥当性を下げることになります。

　集合知が使えるのは，正解のある課題です。牛の重さを当てるような正解のある課題であれば，誤差が相殺されることによって群衆の賢さが浮かび上がってきます。しかし，正解のない課題においては，まず評価軸が共有されなければ集合知は使えません。評価軸が多様なままの方がよいのか，言い換えれば，他者の評価は信頼できないままの方がよいのかどうかは議論が分かれるところでしょう。私自身の考え方では，評価は感情と絡んで文脈を固定させやすいため，共有されない方が望ましいのではないかと考えています。遺伝子レベルで人類が広く持っている感情は生まれながら一致していると期待できますが，感情と善悪は別のものです。同胞を守りたいと願う愛情ゆえに，戦争や死刑が肯定されることも否定されることもあるでしょう。私自身は死刑廃止論者ではありますが，家族を殺された遺族が死刑を願う気持ちも理解できます。評価軸が共有されてしまうと，どちらかが間違いとなります。そうではなく，評価軸は共有しないまま理解しあえる柔軟な知識構造が必要なのだろうと考えています。その柔軟性を持つ知識構造は，インターネットによって涵養しうるのかについて，最後に検討しましょう。

8 ··· 知識構造としてのインターネット

●● インターネット検閲

　知識のデータベースがネットに移行すれば当然のことながら，共有知識構造もネットに依存する部分が大きくなります。そこで問題となるのは，知識を限定しようとする検閲の問題です。インターネットが知を担う時代になったということは，自由に知にアクセスできると同時に，検索結果を制限することで，簡単に知識をコントロールすることができる時代になったともいえます。

　OSCE（欧州安全保障協力機構）は，2011年7月に，インターネットのアクセス権は，表現の自由と同程度に尊重されるべき基本的人権であるとの報告書を出しました。21世紀に入ってから，デジタルディバイドの問題は国際問題となり，まだインターネットが整備されていない国に対しては諸国の援助により整備がすすめられています。いずれ，ネットアクセス権を基本的人権とする考え方は世界に広がっていくでしょう。

　しかしどのような情報も無制限に公開してアクセス可能にできるわけでもありません。どの情報を制限するべきかという判断は難しいものになりそうです。最近話題になったのは，機密情報のリークを専門的に掲載するウィキペディアシステムでした。このサイトの主催者は別件で逮捕されたので，機密情報の掲載については法的に灰色領域であることがわかります。デマであるかどうか誰が判断するのか，情報を公開しないことの正当性を誰が判断するのか，基準は曖昧です。

●● 知識構造を誰が定めるのか

　マスコミや学者による権威筋からの情報とインターネット情報の対立がよく話題になります。中央コントロールが正解を定めるのか，あるいは自律的共有知識構造が正解を定めるのかという問題です。中央コントロールを重視するか，自己組織的なコントロールを重視するかは，政治経済における対立軸でもありますが，ウェブ上でも重要な問題です。

　知識の分類をコントロールしてきた専門家集団は，文脈の再編成を許さぬ精緻な共有知識構造を作り上げ，その専門用語を駆使できる研究者以外には

理解しにくい世界の中で競争をしています。現在の大学の教育システムは，このような専門家集団の共有知識構造を伝えようとするものでしたが，大学が社会の要請に合わなくなってきているのではないかという声が上がってきています。

　言語が発生して以来，ギリシャの哲学者から僧院へ，職能集団へ，そして大学へと知識構造の編纂権限が手渡されてきました。いわゆる大学の知の体系であった図書館的知識構造は，本や標本を物理的に納めるためのもので，権威者によって分類が行われてきました。しかし，知識が電子データとなり，場所による制限がなくなった結果，知識構造に大きな変化がおとずれています。ワインバーガー（Weinberger, 2007/ 柏野訳，2008）の議論によれば，置き場所を必要とした図書館時代には，情報に対応する位置が一意的に定められていましたが，メタデータ（タグ付け）を分類基準とするインターネットにより情報は複数の位置に置くことが可能となったとされます。これは，知識構造がツリー型からネットワーク型に変化したことを意味しています。

　今後，論文や電子書籍のオープンアクセスが進めば，メタデータとデータの区別はなくなり，すべての情報が相互に関連づけられることになります。ワインバーガーは，そのような状況では，情報の文脈は「誰かが必要としたときにはじめてまとまりとなる」と述べています。これは，第2章で論じてきた，場面の文脈に応じて必要な情報が呼び出される私たちの記憶構造と同じプロセスです。

　その一方で，意味の揺らぎの幅は，対面コミュニケーションよりも小さなものになるでしょう。情報自体がメタデータ化されることによって，背景情報にリンクが張られ可視化されていくからです。おそらく，語られぬ言葉として含まれていた暗黙知は私たちの共有知識構造から減少していき，代わりに言語化可能な知識領域が増大するのでしょう。

　インターネットが教育機関に代わる知の集積所となったとき，共有知識構造の編集権限を集合知に任せることは可能でしょうか？　それは危ういかもしれません。集合知の象徴でもあるインターネット百科事典のウィキペディアは，「正解」の判断を集合知に任せることを断念して，管理者の判断によって書き込み制限が行われています。

評価軸が定まらない限り，集合知を評価する人間が必要となり，正解を認識する主体が無限後退することになります。集合知は，誰かに認識されるまでは意味を持ちえないからです。認識の最終地点をたどっていけば，脳の中の小人に戻るウロボロスの環（自分の尻尾を呑み込む蛇のこと）となります。認識主体を脳の中につかまえられないことのアナロジーとして，脳の中の小人という言葉がありますが，これを無限後退する集合知の評価に適用するなら，ネットの中の神様という言葉になるかもしれません。そして，その神様がどこにいるのかといえば，それはあなたの中にいることになります。

まとめ・・・集合知は判断しない

　私たちがインターネットを便利に使う理由は，すべての情報を個人で処理することが不可能だからです。情報量が莫大であり，かつ，解法が無限にありそうな問題に取り組む場合は，局所解に取り組むメンバーのネットワークに任せるしかありません。これも，神経細胞がやっていることと同じ作業です。ネット上で何が重要になるのか，結果として何が起こるのかは，おそらく複雑系特有のランダムな変動が極端化していく過程があると考えられます。だからこそ，統制をする側は不確定な要素を制御しますが，人々が日々情報を生み出しているインターネットの知識構造を制御するのは不可能です。

　脳内神経ネットワークのカスケードは，それが開始したときには意識に上らず，神経系の発火がはじまった約 0.5 秒後に意識に上り，身体上の変化が現れてからその意味づけの帰属認知が行われると考えられています。アナロジーでしかありませんが，インターネット上の情報の伝播にも似たようなものに感じられます。エジプトのフェイスブック革命は，個人間のコミュニケーションの重要性に政府が気づかず，検閲が遅れたためとの話を聞きました。おそらく，コミュニケーションをはじめた当事者も，リアルに群衆が集まるまでは，大規模な現象になっていることに気がつかなかったでしょう。ネットワークの中で情報が広まっている途中は結果が予測できません。

　インターネットは，今後の社会に集合知を与えるインフラとして期待されていますが，正しいか誤っているかの判断をネットワーク自体が下すわけではあ

りません。集合知はランダムに変動するマーケットの値付けのようなもので，それを神の視点として利用するためには，私たちそれぞれの中に，確立された評価軸と複雑な知識構造を備えなければなりません。そのうえで，正解を定める権限を中央コントロールにわたすのか，自生的秩序にわたすのかは，これから私たちが直面しなければならない正解のない課題です。

終章

民主主義の未来

　3人寄れば文殊の知恵。これは、先人たちが集団で考えることの効果を感じて伝えてきた言葉です。現在の組織では、ブレーンストーミングなどによって新しいアイディアを生み出そうとする現場にその精神が生かされています。私たちは、集団で物事を考えた方がよりよい知恵が生まれ、集団で決定した方がより妥当な判断が得られると期待しています。その結果として、議会制民主主義や陪審員制度などが採択されてきました。

　人間は、社会の中で育たなければ人間としての発達を遂げることができない社会的動物です。その中でも民主主義を選んだ社会は、特定の優れた個人ではなく、集団に支配されることを選択してきたといえるでしょう。集団が信頼に足るものであるかどうか、私たちの意志を社会に付託できるのかどうかは、さまざまな政治的な制度の構築に、ひいては人類の未来にも影響することがらです。このような問題意識から、社会心理学者は集団の能力と個人の能力をさまざまな場面で比較検討してきました。その結果の1つとして、集団決定は個人の決定よりも極端になりがちであることが見いだされています。本書では、集団極化現象の原因とそれが生み出す結果について、考察を行ってきました。

　集団極化現象自体は中立の現象です。極端になることがすなわち愚かというわけではありません。しかし、自然なコミュニケーションの結果だけに、人間の特性が持つ落とし穴として気をつけなければならないでしょう。9.11同時多発テロ当時、あれだけベトナム戦争に反対した米国世論が、いとも簡単に好戦的に変化したのを見たときは、人間は決して歴史からは学ばないのだと失望

したのを覚えています。人類は歴史から学び賢くなり続けるだろう，という素朴な信頼感が失われつつあるように感じるのは私だけでしょうか。

近年は，議会制民主主義が進んだ先進国において，議会の調整の失敗が目につくようになりました。政党の代表者同士が極端な提案を盾に退かず，チキンゲームをしているような場面が世界各国に見られます。その背景には各国国内の世論の二極化があるとも伝えられています。この状況に対してリーダーシップ不在との言葉がありますが，本書で見てきたように，強力なリーダーシップはより上位のレベルから見れば混乱を引き起こすもとにもなります。どのレベルのどのような結果を望んでいるのかによってリーダーシップの評価は変わります。さらに，インターネットサービスを利用した，これまでとは異なる形態の「カジュアルな」社会運動が見られるようになりました。これが短期的な誤差の範囲の出来事なのか，あるいはテクノロジーの変化に伴う永続的な傾向となるのかはわかりません。その現象は見る人の立場によって，革命と表現されることもあれば暴動と表現されることもあります。

これらの現象に対する善悪の判断とは別の問題として，個人レベルでは知識量が多く行動の抑制が効いているにもかかわらず，集合的レベルで政治的混乱を収める理性的な方法が見失われているように見うけられます。無知のゆえではなく，多様な知識が蓄積された社会において，なぜ集合的レベルで賢くなれないのか，どのような方法で社会はより賢くなりうるのかを最後に考えてみたいと思います。

1 ・・・各章で見いだされた結果

各章で紹介したデータの結果を簡単にまとめます。

第1章では，10項目同時に集団で決定してもらった場合，個人で答えていたときの価値観とは異なる方向にシフトする項目群が出る実験結果を示しました。集団がもともと望んでいる方向ではなく，予測された「みんな」の方向に極端化するという結果です。この結果は，一項目ずつ検討されてきた従来の研究結果が間違っていることを示しているのではありません。しかし，集団極化現象には個人の選択からだけでは予測できないような，集団になってから形成

される共有知識構造が影響することを示唆しています。

　第2章では，集団の虚記憶を検討しました。その結果，共有知識構造に従う並べ方をした単語リストに対しては，虚記憶現象，すなわち，リストになかった単語を誤って再認する現象が集団においても見られました。また，再生された単語量が多いほど，血液型性格判断を妥当と認知するようになりました。この結果から，共有知識構造に沿って蓄積された情報量が極端化を進めるのではないかという仮説を示しました。このような極端化のプロセスは，対人相互作用に注意が向けられ，コミュニケーションが持続している間にのみ見られるものと考えています。

　第3章では，討議集団と社会の共有知識構造に齟齬がある場合は合意しにくくなる結果が示されました。合意できなかった集団には，集団内の意見のばらつきが低いほど，態度が反転する意外な結果も見いだされました。また，ノストラダムス予言の実験から，世論変動の時期には，情報の多くなる方向に態度が極化し，情報の増加が止まると態度が反転するプロセスが見られました。私たちの知識構造は変化を続けており，過去の変化の差分から次の変化を予測しているのではないかと解釈しています。

　これらの実験結果は，世論の転換期においてどのような現象が起こるのかを想像させてくれます。個人がそれぞれ多様な文脈から考えていた問題を話し合うことで対立軸が明確になると，最初に平均値が傾いていた方向に態度が極端化していきます。この，最初に平均値が傾いていた方向はもともと共有していた知識構造である確率が高いと考えられます。しかし，価値観として意識すらされていなかった場合もあるでしょう。

　対立軸が明確になり新しい情報がなくなった後も議論が継続されると，差異のないところに差異を生み出そうとする力が態度を逆方向に反転させはじめます。同質な集団の内部で争いがはじまったときは，流れが逆方向に動きはじめるシグナルと見てよいかもしれません。一方，おもて立ってけんかをしない人々はいつまでも変わらないことになり，どちらがよいともいえません。

　第4章では，母集団の意見分布を予測するバイアスもまた集団過程によって極端化することが示されました。もともと私は，母集団における集団の位置が合意確率に影響することを見いだしたときは，集団になればそれだけ情報量が

多くなるのだから，母集団の意見分布についてもその分正確に予測できるようになって不思議はない，と考えていました．ところが，第4章の結果からは，集団は母集団の意見分布を正しく認知できるわけではなく，個人のまちがいを極端化することが示されました．その極端化は，社会的アイデンティティが強いほど強くなります．このような過程は，第6章に見る集団間コンフリクトの原因となります．

第5章では，リーダーシップも，集団の共有認知が影響力の基盤となることを示しました．集団の中でリーダーシップが高く認知されるメンバーは，母集団の傾向に一致した方向にいるメンバーであって，小集団のプロトタイプ位置は，母集団の傾向と合致している場合にのみ影響力を持ちます．すなわち，集団過程には，母集団における集団の相対的な位置と，その集団の中のメンバーの位置の双方が影響しています．この結果は，集団内だけのものとして考察されてきた社会的影響過程の見直しが必要であることを示唆しています．

第6章では模擬社会ゲームを用いて，集団間関係を観察した結果を報告しました．模擬社会ゲームでは地域ごとに1つの部屋に5名から10名程度の人間が集まり，長時間を過ごすことになります．一方で，コミュニケーションが取りにくい別の部屋にも集団がいることを意識しています．このような環境を用意するだけで，社会的アイデンティティが成立し，集団間に争いが生じます．質問紙調査の結果から，集団内の意見分布を誤って認知しているときに，集団間コンフリクトが起こりやすいという仮説を示しました．

第7章では，インターネット上のコミュニケーションを検討しました．各メンバーが持っている情報が，討議の方向に合致していると，たとえその結論が間違ったものであっても，その情報を持っているメンバーの能力が高く認知されることが観察されました．

全体の結果が指し示しているのは，集団は，場面に応じて共有知識構造を形成する一方で，孤立した存在でもなく，母集団に蓄積された知識や意見分布による影響を受けていることです．私たちは，話し合おうとするとき，相手にも「常識」として通用する共有知識を選びます．それは複数ありえますが，その中でもっとも広い範囲に通用する「常識」の妥当性が高いと認知されやすいようです．

集団極化現象の場合，特定のアジェンダに対して賛成か反対かを議決するように求められますので，集団は課せられた状況に従って，共有知識構造の中に対立軸を形成します。集団極化現象はこのような対立軸を形成する過程で起こる現象と考えられます。対立軸を形成するためには差異性と同質性が必要となり，集団内で十分な差異性が得られない場合は，集団間の差異性により対立軸が形成されます。小集団と全体の間の意図せざる関係は，その結果として出てくるのでしょう。集団の情報処理過程には，共有知識構造から対立軸を析出するための，ある種の計算装置としての側面があるようです。個人間の差異と集団間の差を適度なレベルに保てない状況では，合意できなくなり，その結果として，討議後も討議前と同じ程度の差異が全体に保たれます。集団が，全体の差異を一定に保ちつつ，周期変動をもたらす装置として働いていることがうかがえます。

2 … 部分と全体をつなぐもの

　本書で残された問題は，このような小集団と全体との意図せざる関係が，どのように発現しているのか，という問題です。この問題に関しては，2つのアプローチが考えられます。1つは，個人の認識範囲は限られているとしても，意図せざる構造が全体に創発すると考える複雑系アプローチです。もう1つは，集合的無意識のような意識的過程とは異なる過程を集団現象にも仮定するアプローチです。後者のアプローチは非科学的と考えられていますが，測定不可能な要因の存在を頭から否定することも非科学的な態度といえるでしょう。とはいえ，後者の可能性を論ずるにはあまりにもデータが不足しています。

　複雑系研究も私の専門ではありませんので，多くを語ることはできませんが，有名なシミュレーションなどから得られる類推から考察を試みます。1つの未成熟なアイディアとして，エージェントの行動からはじまる現象レベルの複雑系ではなく，信号検出からはじまる表象レベルの自己組織化というものを考えてみます。個人も自己組織化された知識構造として表現され，それがコミュニケーションによって全体のネットワークに接続されることになります。

　感覚剥奪実験が教えるように，私たちは信号検出の入力がなければ意識を保

つことができません。よって，時間軸において変化を検出し続けようとする動因が存在すると仮定します。この前提を置いたうえで，自己認知を成り立たせるために必要な差異と同一性がポジティブ・ネガティブフィードバックとして働くと考えます。集団決定前後で全体の分散が保たれる仕組みについては，ボイドと呼ばれる鳥の群れのシミュレーションから示唆が得られるかもしません。鳥の群れがいっせいに方向転換をするさまは，まるで群れのリーダーに従っているように見えます。しかし，鳥の群れにリーダーはいません。そのことは，長年の観察研究からはわからず，シミュレーション研究によってはじめて理解されたことです。個々の鳥が全体の動きを把握していないにもかかわらず，全体行動を取ることができる理由の1つは，ゾーニング（位置決め）が相対的距離によって行われているので，密度を調整しながら隊列を崩さない飛行が可能になるためとされています。私たちは，自己認知を成立させるために，他者と相対的な距離を取りながら自己の位置を変動させているのかもしれません。そのような変動の中で，たまたま，特定の位置とベクトルを示すリーダーの影響力が高く見えることもありそうです。情報の動く方向と知識構造の塊に現れる波は，レベルの異なる現象なのでしょう。「ノストラダムスの予言」を利用した実験では，情報量の多い人が信じない方向に変化していくのに対して，時間的に遅れて情報を知った人々は，同時期に逆に信じる方向に変化していました。このように情報と態度の波が逆方向に伝播していく様子は，ちょうど渋滞の塊が自動車の動く方向と逆に伝播していく様子に似ています。

　もっとも，こういったシミュレーションから得られる考察は単なるアナロジーにすぎません。共有知識構造を媒介要因として個人と集団と社会を結ぶには，まだまだこれからの研究が必要です。

3 ··· 原発事故はなぜ起きたのか

　本書を書き起こすにあたって，原発が推進されてきた社会的決定において，そのリスクが見過ごされてきたのだとすれば，何が間違っていたのだろうかという問いからはじめました。

　原発に関する判断について愚かな側面があったとすれば，社会の中で議論が

行われるうちに，反対派・推進派と互いにラベルをつけあい，対立する相手と十分なコミュニケーションを取れなかった可能性があります。原発問題の場合，専門家と素人の間の対話が必要とされる話題でした。専門領域が同じ研究者同士であれば複雑な知識構造を保ったまま意見を交換できても，幅広い対象に情報を伝えようとするときには，より多くの人々との共有知識構造に基づいてメッセージが出されます。そのとき，単純な文脈で情報を並べ直しますので，必要な情報が抜け落ちることになります。

さらに悪い状況を想像しますと，話し合っている相手と意見の差異がない場合は，仮想敵との間に意見の差異を仮定して対立軸を作ることになります。仮想敵と実際に対面したときに共有知識構造を再構築できればよいのですが，社会的アイデンティティにかかわる対立軸を崩せない人が混じると，他の人もそれに乗って話し合うしかありません。これは，どちら側にも起こりうることです。問題になるのは，その結果として，対立する相手の主張はすべてポジショントークであると認知されて，情報そのものの吟味がおろそかになることです。

よって，原発問題が社会的アイデンティティにかかわらない人々が同じテーブルについて，できるだけ多くの情報を理解したうえで話し合う必要があるのでしょう。しかし，決定がより正解に近いかどうかを判断するための指標が必要です。その判断基準は，「科学」であるはずでした。

●● 科学的方法に対する信頼感

原発事故以来，科学的方法論に対する信頼感が揺らいでいます。本書では，科学的な「正解」には案外根拠がないという議論もしてきましたが，計測方法を明らかにしてデータを吟味することは，「正解」に近づくためのもっとも誠実な方法と考えます。データの再現性を「真実の指標」にすることができるからです。

ところが実は，一流雑誌に掲載された研究でも追試が成功する比率は，期待するほど高くはありません。統計的にいって，再現に失敗する確率は5％未満のはずですが，心理学基礎実験の授業でいろんな実験をしてきた私の実感では，再現確率は5分5分といったところでしょうか。研究者が有意差を見いだせな

かった研究結果は，単なる失敗として捨てられますので，データが蓄積されません。その結果，真実の指標としての論文データベースにゆがみが生じるところが科学の欠点の1つだろうと感じています。論文の価値は引用回数で計られていますが，再現回数とその寄与率も指標に加えていただきたいところです。

統制不可能な要因が比較的少ない物理関係のデータであれば，上記の問題は小さくなります。それでも，現実に応用される場面，たとえば，原発の事故率を予測しようとするような場合は，格納容器が壊れる確率だけでは予測できません。予測不可能な複雑系の中に，見過ごされていた要因が「発見」される点においては，応用場面の自然科学は社会科学と同様です。

放射性廃棄物がこのまま蓄積されていくと，未来の人類にどのような影響が出るのかわかりません。そのときになって責任を取れる人間がいないだけに，より慎重な決定が望まれます。一方で，これまでは起こらなかった技術的ブレイクスルーが，明日起こるかもしれません。であれば，原子力技術開発をストップさせると，むしろ未来の人類に不幸をもたらすことになります。未来を予測するための不完全な情報しかない状態で，何を基準に正解を定めればよいのでしょうか。次に，サンデル（Sandel, 2005/ 鬼澤訳, 2011）の議論から民主主義の未来について考えてみます。そこには，評価軸（共通善）の共有性と，自由選択の問題がかかわっています。

4 ··· 民主主義の未来

日本を含めた自由主義諸国の基本的な政治理念はリベラリズムといってよいでしょう。リベラルのもともとの理念は，個人の選択の自由を認めるところにあります。わかりやすい例としては，日本でも，児童ポルノ的な漫画の売り場を規制しようとすると，表現の自由を規制するものだという反対の声が上がりました。このとき，反対している知識人は，児童ポルノ的表現は好んでいなくても，それを表現する自由は擁護する，というリベラリズムの立場をとっています。米国では，このような不道徳な選択も許容するべきだという主張が，リベラリズムへの支持を失わせる結果となり，宗教的価値観への回帰をもたらす1つの原因になったようです。他者の価値観に寛容であることは，こちらの価

値観には不寛容な主張（たとえば宗教的原理主義）も許容しなければならないという自己矛盾を抱えています。文化的多元主義という他文化に対する寛容さが，かえって文化を分断させているのかもしれません。

　自由選択と対立する政治理念が共通善の尊重です。わかりやすい例として，中絶に反対する保守派は自由選択よりも共通善を説きます。しかし，今は，リベラル側が社会保障という共通善を掲げ，保守派が自由競争を支持していますので，自由選択と共通善はリベラルと保守を分ける理念ではありません。

　共通善もまた，米国から失われてきています。その理由は，サンデルによれば，遠隔コミュニケーションの発達，分業化，そして多様性により私たちがアイデンティティの居所を失ったことによるとされています。本書の模擬社会ゲームでも見たように，グローバル組織で人々を相互に依存させても，共通善は共有されないのです。

　自由選択において，正解の根拠とされてきたものは功利主義とカント哲学です。功利主義とは最大多数の最大幸福を追求するものですが，多くの欲求を1つの欲求の体系にまとめて計算することが要請されます。すなわち，1つの評価軸を共有することです。このような状況では，たとえば多数者が戦争を要求すれば，個人の生存権が全体のために犠牲にされます。そこで，善に優越する「正」を区別するカント哲学が持ち出されます。善には多様性が容認されますが，正は善に優越する根源的な正義のようなものです。カントはこれを，自律的意志を持つ主体に与えられるものとしましたが，わかりにくい概念であるため，ロールズが，原初状態（生まれたての赤ちゃん）による選択と読み替えています。一方，サンデルは目的から切り離された自己の存在を否定しており，原初状態における選択を正解の根拠とする考え方に異議をとなえます。サンデルの主張は，他者の視点を獲得してはじめて自己意識と表象が発生すると考える心理学の観点からは正しいものです。

　とはいえ，正解の根拠がないまま共通善を設定すると，全体主義へと追い込まれる危険性を帯びます。サンデルは，共通善が全体主義に陥る理由は，社会の多様性によって共通の意味が力を失っているためだと考えます。すなわち，私たちが空虚なために，うっかり全体主義にはまってしまうというわけです。そこで，感情で結ばれた集団への帰属が必要なのだと説いています。しか

し，本書で見てきたように，コミュニティごとに異なる評価軸を持つと，外集団との差異を対立軸とした集団極化現象が起こり，集団間の争いに発展する危険性があります。

　東（2011）は，サンデルとは真逆の方向で，一般意志2.0という新しい民主主義のあり方を示唆しています。ルソーは，人々が共通して持つ正解の観念を一般意志と名づけ，それがすなわち共通善であると考えました。この考え方は全体主義を想起させるために危険な思想と考えられてきたのですが，東は，ルソーが考えていた一般意志とは，人々に強制されるものではなく，人々の共通性から自然に浮かび上がるもの，まさにインターネット上に示される集合知のようなものであったはずだと考えます。そして，その技術が現実のものとなった今日こそ，民主主義を補完する手段として利用しうるのではないかと考えています。自由選択によって析出された集合知であれば，全体主義から解放された共通善を手にすることができるのかもしれません。集合知こそが「正解」なのでしょうか。

●●集合知は民主主義に代われるか

　集合知がよい決定をもたらすためには，多様性が必要です。本書では，以下の3つのレベルの多様性がもたらす効果について考えてきました。

①意見の差異（差がある方が多様性が高い）。
②情報の量（多いほど多様性が高い）。
③その情報が納められている知識構造の複雑性（リンクが多く変化しやすいほど，同じ情報に対して別の文脈を取りうる多様性が高い）。

　結論としては，いずれも高いほど，よい決定につながると考えられます。その理由は，以下の通りです。

①意見の差異が規範的影響による同調を防ぐ。
②情報の多さが正確な状況把握をもたらす。
③異なる観点により情報を多角的に見ることができる。

　インターネット技術がもたらす集合知がこれらのすべてのレベルの多様性を備えることができるかどうかと問われれば，答えはYESでしょう。ペイジが示したように，専門家の持つすべてのモデルを粗く使うことによって，より正

確な未来予測が可能となり，より多くの情報が集約され，より多様な観点から情報を解釈した結論が期待できます。しかし，その結論が正解となるには前提条件がありました。結果を評価する軸が定まっていることです。その前提条件が集合知に限界をもたらします。理想の決定方法とはどのようなものかという思考実験をやってみます。

●● 理想の決定方法

　よい集団の決定とはどうあるべきなのかという問題に再び戻ってきました。

　集団には賢いだけでなく，外集団に対して傲慢にならない，というような徳も欲しいところです。しかし，徳があるかどうかのような評価の基準は個人によって異なりますから，集団に徳の高さは求めないことにします。とはいえ，集団決定によって影響が及ぶ範囲の価値観は理解している必要があります。そこで，多様な観点が徳の代わりの指標になるでしょう。予測可能な範囲を明確にして，入手可能なすべての情報と多様な観点から，予測された未来のどれかを選ぶことがよい集団決定となります。このような集団は，他の集団に比べて同時点においてもっとも適応的とは限りませんが，時間軸上で見れば，環境の変化に柔軟に対応できると考えられます。

　そのためにはまず，できるだけ多くの情報が必要です。しかし，情報量と観点が増大すると，個人の処理能力の限界を超えます。複雑性を保つためには集合知の利用が望ましいのです。望ましいどころか，爆発的に情報が増大する将来は必須となるでしょう。現在の情報量でも，小集団の共有知識構造で処理可能なレベルを超えています。社会に蓄積された情報量と多様性を担うには，もはや対面のコミュニケーションでは不適応を起こす時代に至ったのかもしれません。

　集合知を利用しながら，限定されたリソースを原子力関連技術開発と新エネルギー開発にどの程度の割合で割り振るかという課題を考えてみます。まず，どの範囲までを内集団メンバーとして考慮するかですが，これはバイアスを避けるために広ければ広いほどよいことになります。クジラやイルカまで入れたい人々もいそうですが，とりあえず全人類でしょうか。どの範囲の未来まで考えるかは，遠い未来ほどよさそうですが，そうすると回答不能に陥ります。た

とえば，放射線がガンを発生させる確率などでも，遺伝子－タンパク質複雑系ネットワークが絡むため，線形を基本とする統計では予測できません。地殻変動・地球温暖化もしかりで，長期予測については，あらゆる事態に対応できるようにあらゆる技術革新に少しずつ掛け金を積んでおくしかないのです。

そこで，決めた人が責任を取れる程度の範囲として，5年後に実現したい結果を実現するために現在のリソースを割り振ってもらうことにします。なんだか往年の社会主義国の5ヵ年計画みたいで，早くも失敗が予想されてきました。しかし，これまで失敗してきた原因は，小集団単位で話し合って積み上げた結果を素人が選んでいたからなのでしょう。最初はランダムに集められたメンバーであっても，集団ごとの共有知識構造に基づく極化した提案が上がってきます。それを，専門家ではない為政者が，ゴーストのささやきやら何やらで決めてしまうと失敗します。そこで，全人類に1人で考えた提案を書いてwebに上げてもらい，互いに参照しあうリンクを入れていただきます。その結果として，検索上位に浮かび上がってきた提案を結論とします。おそらく，多様な予測を多様な好みで評価する合成変数の結果が浮かび上がってくると思われます。

実行可能かどうかは別として，ここまでは簡単でした。難しいのは，この結論を無条件に受け入れられるかです。直感的にそれは危ない，評価のステップが必要だ，と感じるのではないでしょうか。しかし，この考え方は視点の無限後退を起こしています。評価のステップを多段階繰り返せば，評価軸が対立軸に収束して情報が並べ替えられ，単純な認知に至ります。集合知を民主主義の代わりにするためには，多様な評価の合成変数をそのまま受け入れなければなりません。それはどのような評価軸からしても「正解」ではない可能性すらあります。

実のところ，結果を評価するための軸を決定できないところが，現在の政治不全の原因かもしれません。私は個人的には，幸福指標と経済指標のどちらを評価軸に選ぶかと問われれば，経済指標を選びます。「望ましい幸福の感じ方」を誰かに決められたくないからです。貨幣は単なる交換財であるため，評価軸を共有しないですむ指標になるはずです。しかし，今や貨幣が，交換財として意味を持たなくなってしまっています。なぜこんなことになってしまったのか，私は素人なのでわかりません。以下の議論は専門外の私の「感想」レベルの話

なので，眉につばをつけつつ，読んでください。

5 … ゲーム理論における共有知識

　ゲーム理論は，大規模な相互作用の結果を研究する社会科学，特に経済学において，強力な数学的ツールとなっています。ゲーム理論がここまで成功した理由の1つは，予想される結果を均衡状態として数学的に記述することに成功したナッシュの業績に負うものです。共有知識構造の自律的形成過程をシミュレーションによって表現する研究も興味深い知見を与えています。たとえば，アクセルロッド（Axelrod, 2001/ 寺野訳，2003）は，有利な行動が学習され再生産されることにより，文化圏が形成される様子をシミュレーションにより示しています。この進化ゲーム理論の分野によって，互恵的利他主義や平等分配への選好など，文化の領域と考えられてきた共有規範も淘汰の結果として説明することが可能になりました。

　ペイジ（Page, 2011）は，価値を発生させるシステム間の多様性の効用を，ゲーム理論を応用して検討しています。その結果，システム間の多様性は，変化に耐える頑健性をもたらすことが示されています。ただし，利得行列自体が持つ価値はあらかじめ共有されていることになっています。

　ゲーム理論では，ゲームの利得行列とその点数が持つ価値が共有されている必要があります。たとえば100円という金額が，人によってはもらっても意味がないと感じられるような価値ではなく，誰にとっても同じ価値を持っていなければなりません。でなければナッシュ均衡は使えません。実際にジレンマゲーム実験をやってみた人ならわかると思いますが，別に点数をもらったところで嬉しいわけでもないのに，嬉しいふりをしなければならないという妙な状況に置かれます。利得行列の共有性がどのように得られるかは，ゲーム理論に内在する問題です。嬉しいふりをしているのは，実験の中だけではないかもしれません。

　これは，主観－客観問題のちゃぶ台をどこでひっくり返すのかという問題で，認識されるまで記号には意味がないといってしまえば，どこまで掘り下げても価値の発生は扱えません。しかし，自己だけでなく，自己と他者にとって等価

な意味として共有されているかと考えると，やはりちゃぶ台はひっくり返されてしかるべきもののようにも思われます。

　利得行列の相手の点数がわかっていない場合は，不完備情報ゲームとなります。その計算にはベイズ統計学が応用されます。ベイズ統計学は，主観性の確率論と呼ばれています。主体に事象が起こることによって時系列で確率が変化するからです。これに対して，私は素人なりの解釈で，ベイズ統計学は，むしろ客観的な事実が判明したときの可能性の収束を扱っているのではないかと考えています。たとえば，有名なモンティホール（Monty Hall）問題について考えてみましょう。モンティホール問題とは，4つのドアの後ろに賞品があり，参加者が1つ選んだ後に司会者が空のドアを開けて見せて，選択を変更するかどうか聞いてくるという問題です。正解は，選択を変えた方が当たる確率が高くなります。参加者が最初に選んだドアが当たる確率は4分の1ですが，他のドアは3分の1で当たる確率に変わるからです。ただし，これは司会者が正解を知っていたからであって，偶然に吹いてきた風でドアが開いたのなら，選択を変える必要はありません。現実には神の視点を持つモンティは存在しません。自己と他者が共有する知識構造は，常に揺らぎ続ける可能性の中にあります。ゲーム理論に内在する問題点は，利得行列を既知とした利点の裏返しでもあるのです。

　ゲームのルールや結果の意味は変化します。人によって利得行列のスケールが異なってくれば，同じゲームに参加しているとはいえません。その変動が共有知識構造の複雑系のパターンの中にあるのなら，私たちは複雑系の中の要素として流されていくしかありません。しかし，系の中のエージェントであることをやめて，系の外から全体を眺める視点で選択を行えば，複雑系が作り出す構造は壊れます。そのとき，自律的意志を持つ主体による選択が実現されるのかもしれません。

▍6 ⋯ 科学をどう伝えるか

　最初に，本書の実験データは学会レベルの真実ではないとお断りしておきました。科学コミュニティでは，どのように真実が確定していくのかを最後にお

話ししておきます。実験データは，審査付きの雑誌論文に掲載されてはじめて，学会に認知された情報となります。学会に認知されること自体が重要なのではなくて，実験の手続きを明らかにして追試をしてもらえる状態にするために必要なプロセスです。

　社会心理学だけでも世界中で毎年山のように雑誌論文が出版され，その中から，時間の経過により徐々に確かな真実だけが生き残ります。時間を使った集合知のプロセスです。こうした長年の厳密な科学的営みが，社会心理学の基盤となっています。私が本書に載せたデータなどはチリのごときもので，さらにデータを積み重ねる必要があります。ジャーナルに掲載され長年の追試に耐えて生き残った論文こそがより抜きの真実です。

　その，より抜きの真実が，世間にきちんと伝わっているかというと，どうも心許ないような気がします。社会心理学の成果を一般に伝えようとすると，「ジェットコースターに乗れば恋愛に成功する」などの，わかりやすい小ネタ集になってしまいがちです。社会心理学で昔から知られていたことが，行動経済学で新たな研究になっている例も見聞きします。知識構造を共有していない科学コミュニティが乱立すれば，普遍的真実を残そうとする営みが相対的なものになってしまいかねません。

　現在，科学的方法への信頼が揺らいでいるのは，共有できる言葉を失ってきたことも原因の1つなのかもしれません。どのような学問領域であれ，はじまった当初は一般に理解しやすい言葉で語られていたはずです。しかし，研究の蓄積が進むにつれて，参照しなければならない文献や理解しなければならない専門用語が増え続け，専門領域が分断されます。結果として，広い領域にまたがる議論や，誰にでも理解しやすいデータを示すことが困難になっています。このような学問領域の細分化の傾向は，一定のサイズ以上の集団が持ちうる共有知識構造の複雑さに，限界があることを示唆しています。

　しかし，局所的な情報しか知らない部分でも，母集団の共有知識構造を介してつながりうる可能性は残されています。そのためにも，科学コミュニティがデータをオープンにする必要があります。長い目で見れば，知の囲い込みをする知識コミュニティはオープンな知識コミュニティには勝てません。現在，科学論文の e-Journal 化が進んでいますので，いずれは誰もが無料で専門の論文

を読める時代となり，デジタルネイティブたちが賢い社会を形成していくことを期待しています。
　民主主義の未来はどのようなものになるのか。その答えは，広いネットワークにつながるあなたの心の中に眠っています。
　不正解を正解に変える鍵は，いつも私たちの手もとに残されているのです。

引用文献

Abrams, D., & Hogg, M. A.(1999). *Social identity and social cognition*. Oxford: Wiley-Blackwell.

Abrams, D., Wetherell, M., Cochrane, S., Hogg, M. A., & Turner, J. C.(1990). Knowing what to think by knowing who you are: Self-categorization and the nature of norm formation, conformity and group polarization. *British Journal of Social Psychology*, **29**(2), 97-119.

Adams, J. S.(1976). The structure and dynamics of behavior in organization boundary roles. In M. D. Dunnete(Ed.), *Handbook of industrial and organizational psychology*. Chicago: Rand McNally.

有馬淑子(1987). リーダーシップM・計画P・圧力P行動が部下の満足感に及ぼす効果 実験社会心理学研究, **60**, 125-134.

有馬淑子(1989). 計画的リーダーシップ行動が部下の対人認知に与える影響 心理学研究, **60**, 216-233.

有馬淑子(1994). 集団討議による態度変容 プール学院短期大学研究紀要, **33**, 153-167.

Arima, Y.(1994). *Attitude change with ingroup conflict*. Paper presented at the Proceedings of the 23rd International Applied Psychology.

有馬淑子(1995). 集団間コンクリフトによる態度変容と社会的アイデンティティ プール学院短期大学研究紀要, **35**, 199-216.

Arima, Y.(1996). *Innovation arising from intra-group conflict*. Paper presented at the 104th American Psychological Association, Tronto, Canada.

有馬淑子(1997). 集団交渉におけるリーダーシップ 広瀬幸雄(編)シュミレーション世界の社会心理学—ゲームで解く葛藤と共存 ナカニシヤ出版 pp. 105-120.

有馬淑子(2000). ディベートによる態度変容 日本社会心理学会第41回大会発表論文集

Arima, Y.(2000). *The effect of knowledge on discussion about unreasonable beliefs*. Paper presented at the XXVII International Congress of Psychology, Stockholm, Sweden.

有馬淑子(2001). 内集団均質化効果に及ぼす社会的アイデンティティの効果 京都学園大学人間文化学会紀要「人間文化研究」, 49-73.

Arima, Y.(2001). *The collective memory on the blood type stereotype in Japan*. Paper presented at the third Asian Association of Social Psychology, Australia, Melbourne.

有馬淑子(2003). 集団極化現象と模擬社会ゲームにおけるコンフリクト—社会的アイデンティティと共有認知の形成過程 大阪大学博士論文

有馬淑子(2010). 電子会議を用いた模擬陪審における認知的中心性の効果 人間文化研究, **26**, 1-32.

Arima, Y.(2012). Effect of group means on the probability of consensus, *Psychological Reports*, **110**, 1-17.

Arima, Y., Yoshino, K., & Yamagishi, M.(1996). *Leadership in intra- and intergroup conflict*. Paper presented at the 26th International Congress of Psychology, Montreal, Canada.

Asch, S. E.(1956). Studies of independence and conformity: A minority of one against a unanious majorith. *Psychological Monograhs; General and Applied*, **70**, 1-70.

Austin, J. R.(2003). Transactive memory in organizational groups: The effects of content, consensus, specialization, and accuracy on group performance. *Journal of Applied Psychology*, **88** (5), 866-878.

Ayres, I. (2007). *Super crunchers: Why thinking-by-numbers is the new way to be smart*. New York: Bantam books. 山形浩生（訳）(2008). その数学が戦略を決める　文藝春秋

Axelrod, R. (2001). *Complexity of cooperation*. Princeton University Press. 寺野隆雄（訳）(2003). 対立と協調の科学　ダイヤモンド社

東　浩紀 (2011). 一般意志2.0―ルソー，フロイト，グーグル　講談社

Bales, R. F., Cohen, S. P., & Williamson, S. A. (1979). *SYMLOG: A system for the multiple level observation of groups*. New York: Free Press.

Barabási, A.L., Jeong, H., Néda, Z., Ravasz, E., Schubert, A., & Vicsek, T. (2002). Evolution of the social network of scientific collaborations. *Physica A: Statistical Mechanics and its Applications*, **311** (3-4), 590-614.

Basden, B. H., Basden, D. R., Bryner, S., & Thomas, R. L. III. (1997). A comparison of group and individual remembering: Does collaboration disrupt retrieval strategies? *Journal of Experimental Psychology: Learning, Memory and Cognition*, **23** (5), 1176-1191.

Basden, B. H., Basden, D. R., Thomas, R. L. III., & Souphasith, S. (1998). Memory distortion in group recall. *Current Psychology: Developmental, Learning, Personality, Social*, **16** (3-4), 225-264.

Bass, B.M. (1981). *Stogdill's handbook of leadership: Revised and expanded*. New York: Free Press.

Beersma, B., & De Dreu, C. K. W. (2005). Conflict's consequences: Effects of social motives on postnegotiation creative and convergent group functioning and performance. *Journal of Personality and Social Psychology*, **89** (3), 358-374. doi: 10.1037/0022-3514.89.3.358

Bizer, G. Y., Tormala, Z. L., Rucker, D. D., & Petty, R. E. (2006). Memory-based versus on-line processing: Implications for attitude strength. *Journal of Experimental Social Psychology*, **42** (5), 646-653. doi: 10.1016/j.jesp.2005.09.002

Brauer, M., Judd, C. M., & Gliner, M. D. (1995). The effects of repeated expressions on attitude polarization during group discussions. *Journal of Personality and Social Psychology*, **68** (6), 1014-1029.

Brewer, M. B. (1991). The social self: On being yhe same and different at the same time. *Personality and Social Psychology Bulletin*, **17** (5), 475-482.

Brewer, M. B., & Gardner, W. (1996). Who is this "We"? Levels of collective identity and self representations. *Journal of Personality and Social Psychology*, **71** (1), 83-93.

Brown, R. (1988). *Group processes dynamics within and between groups*. Oxford: Basil Blackwell.

Bruner, J. S. (1957). On perceptual readiness. *Psychological Review*, **64**, 123-152.

Burnstein, E., & Vinokur, A. (1977). Persuasive argumentation and social comparison as determinants of attitude polarization. *Journal of Experimental Social Psychology*, **13**, 315-332.

Cacioppo, J. T., Petty, R. E., Kao, C. F., & Rodriguez, R. (1986). Central and peripheral routes to persuasion: An individual difference perspective. *Journal of Personality and Social Psychology*, **51** (5), 1032-1043. doi: 10.1037/0022-3514.51.5.1032

Chandrashekaran, M., Walker, B. A., Ward, J. C., & Reingen, P. H. (1996). Modeling individual preference evolution and choice in a dynamic group setting. *Journal of Marketing Reseaech*, **33** (2), 211-223.

Chemers, M. M., & Ayman, R. (Eds.) (1993). *Leadership theory and research: Perspectives and directions*.

San Diego: Academic Press. 白樫三四郎（訳）(1995). リーダーシップ理論と研究　黎明出版

Christakis, N. A., & Fowler, J. H. (2009). *Connected: The surprising power of our social networks and how they shape our lives*.New York: Little Brown.　鬼澤　忍（訳）(2010). つながり―社会的ネットワークの驚くべき力　講談社

Clark, N. K., & Stephenson, G. M. (1981). Group remembering. In P. B. Paulus (Ed.), *Psychology of group influence*. Hillsdale, NJ, US: Lawrence Erlbaum Associates. pp. 357-391.

Clark, R. D. (1990). Minority influence: The role of argument refutation of the majority position and social support for the minority position. *European Journal of Social Psychology*, **20** (6), 489-497.

Clark, S. E., Hori, A., Putnam, A., & Martin, T. P. (2000). Group collaboration in recognition memory. *Journal of Experimental Psychology: Learning, Memory, and Cognition.*, **26** (6), 1578-1588.

David, B., & Turner, J. C. (1999). Studies in self-categorization and minority conversion: The in-group minority in intragroup and intergroup contexts. *British Journal of Social Psychology*, **38** (2), 115-134. doi: 10.1348/014466699164086

Davis, J. H. (1973). Group decision and social interaction: A theory of social decision schemes. *Psychological Review*, **80**, 97-125.

Davis, J. H., Kameda, T., & Stasson, M. F. (1992). Group risk taking: Selected topics. In J. F. Yates (Ed.), *Risk-taking behavior*. Chichester, England UK: John Wiley & Sons. pp. 163-200.

DeChurch, L. A., & Mesmer-Magnus, J. R. (2010). Measuring shared team mental models: A meta-analysis. *Group Dynamics: Theory, Research, and Practice*, **14** (1), 1-14. doi: 10.1037/a0017455

De Dreu, C. K. W., & West, M. A. (2001). Minority dissent and team innovation: The importance of participation in decision making. *Journal of Applied Psychology*, **86** (6), 1191-1201. doi: 10.1037/0021-9010.86.6.1191

Deese, J. (1959). Influence of inter-item associative strength upon immediate free recall. *Psychological Reports*, **5**, 305-312.

Deutsch, M. (1949). A theory of cooperation and competition. *Human Relations*, **2**, 129-151.

Deutsch, M. (1973). *The resolution of conflict: Constructive and destructive processes*. New Haven, CT: Yale University Press.

Diamond, J. (2005). *Collapse: How societies choose to fail or succeed*. New York: Viking.　楡井浩一（訳）(2005). 文明崩壊―滅亡と存続の命運を分けるもの　草思社

Diamond, N. (1996). Can we speak of internal and external reality? *Group Analysis*, **29** (3), 303-316. doi: 10.1177/0533316496293003

Doise, W. (1969). Intergroup relations and polarization of individual and collective judgments. *Journal of Personality and Social Psychology*, **12** (2), 136-143. doi: 10.1037/h0027571

Doise, W., & Mapstone, E. (Trans). (1986). *Levels of explanation in social psychology*. New York: Cambridge University Press.

Dugosh, K. L., Paulus, P. B., Roland, E. J., & Yang, H.-C. (2000). Cognitive stimulation in brainstorming. *Journal of Personality and Social Psychology*, **79** (5), 722-735. doi: 10.1037/0022-3514.79.5.722

Dunbar, R. (1996). *Grooming: Gossip and the evolution of language*. London: Faber & Faber.　松浦俊輔・服部清美（訳）(1998). ことばの起源―猿の毛づくろい，人のゴシップ　青土社

Duncan, J. (2010). *How intelligence happens*. New Haven: Yale University Press. 田淵健太（訳）(2011). 知性誕生―石器から宇宙船までを生み出した驚異のシステムの起源　早川書房

Fabrigar, L. R., Petty, R. E., Smith, S. M., & Crites, S. L., Jr. (2006). Understanding knowledge effects on attitude-behavior consistency: The role of relevance, complexity, and amount of knowledge. *Journal of Personality and Social Psychology*, **90** (4), 556-577. doi: 10.1037/0022-3514.90.4.556

Festinger, L. (1950). Informal social communication. *Psychological Review*, **57** (5), 271-282. doi: 10.1037/h0056932

Festinger, L. (1954). A theory of social comparison processes. *Human Relations*, **7**, 117-140.

Fiedler, F. E. (1964). A contingency model of leadership effectiveness. *Advances in Experimental Social Psychology*, **1**, 149-190.

Finlay, F., Hitch, G. J., & Meudell, P. R. (2000). Mutual inhibition in collaborative recall: Evidence for a retrieval-based account. *Journal of Experimental Psychology: Learning, Memory, and Cognition.*, **26** (6), 1556-1567.

Fussell, S. R., & Krauss, R. M. (1992). Coordination of knowledge in communication: Effects of speakers' assumptions about what others know. *Journal of Personality and Social Psychology*, **62** (3), 378-391. doi: 10.1037/0022-3514.62.3.378

Gamson, W. A. (1990). *SIMSOC: Simulated society*. 4th ed. New York: The Free Press.

Gamson, W. A. (1992). *The social psychology of collective action Frontiers in social movement theory*. New Haven, CT, US: Yale University Press. pp. 53-76.

Garcia-Marques, L., Santos, A. S. C., & Mackie, D. M. (2006). Stereotypes: Static abstractions or dynamic knowledge structures?. *Journal of Personality and Social Psychology*, **91** (5), 814-831. doi: 10.1037/0022-3514.91.5.814

Garfinkel, H. (1967). *Studies in ethnomethodology*. Englewood Cliffs, NJ: Prentice-Hall. 山田富秋（他訳）(2004). エスノメソドロジー――社会的思考の解体　せりか書房

Gawronski, B., & Bodenhausen, G. V. (2006). Associative and propositional processes in evaluation: An integrative review of implicit and explicit attitude change. *Psychological Bulletin*, **132** (5), 692-731. doi: 10.1037/0033-2909.132.5.692

Greenwald, A. G., Nosek, B. A., & Banaji, M. R. (2003). Understanding and using the Implicit Association Test: I. An improved scoring algorithm (2003). *Journal of Personality and Social Psychology*, **85** (3), 481. doi: 10.1037/h0087889

Greitemeyer, T., & Schulz-Hardt, S. (2003). Preference-consistent evaluation of information in the hidden profile paradigm: Beyond group-level explanations for the dominance of shared information in group decisions. *Journal of Personality and Social Psychology*, **84** (2), 322-339. doi: 10.1037/0022-3514.84.2.322

Greitemeyer, T., Schulz-Hardt, S., Brodbeck, F. C., & Frey, D. (2006). Information sampling and group decision making: The effects of an advocacy decision procedure and task experience. *Journal of Experimental Psychology: Applied*, **12** (1), 31.

Haslam, S. A., Oakes, P. J., Turner, J. C., & Mc Garty, C. (1996). Social identity, self-categorization, and the perceived homogeneity of ingroups and outgroups: The interaction between social motivation and cognition. In R. M. Sorrentino & E. T. Higgins (Eds.), *Handbook of motivation and cognition. Vol. 3. The interpersonal context*. New York: Guilford Press. pp. 182-222.

Hastie, R., & Park, B. (1986). The relationship between memory and judgment depends on whether the judgment task is memory-based or on-line. *Psychological Review*, **93** (3), 258-268. doi: 10.1037/0033-295x.93.3.258

Higgins, E. T. (1992). Achieving "shared reality" in the communication game: A social action that creates meaning. *Journal of Language and Social Psychology*, **11** (3), 107-131.

Hinsz, V. B., Tindale, R. S., & Vollrath, D.A. (1997). The emerging conceptualization of groups as information processors. *Psychological Bulletin*, **121**, 43-64.

Hogg, M. A., & Abrams, D. (1988). *Social identifications: A social psychology of intergroup relations and group processes*. New York: Routledge. 吉森　護・野村泰代（訳）（1995）．社会的アイデンティティ理論　北大路書房

Hogg, M. A., Hains, S. C., & Mason, I. (1998). Identification and leadership in small groups: Salience, frame of reference, and leader stereotypicality effects on leader evaluations. *Journal of Personality and Social Psychology*, **75** (5), 1248-1263.

Hogg, M. A., Hardie, E. A., & Reynolds, K. J. (1995). Prototypical similarity, self-categorization, and depersonalized attraction: A perspective on group cohesiveness. *European Journal of Social Psychology*, **25** (2), 159-177. doi: 10.1002/ejsp.2420250204

Hogg, M. A., Turner, J. C., & Davidson, B. (1990). Polarized norms and social frames of reference: A test of the self-categorization theory of group polarization. *Basic and Applied Social Psychology*, **11** (1), 77-100.

Hollander, E. P. (1964). *Leaders, groups, and influence*. New York: Oxford University Press.

Hollander, E. P. (1985). Leadership and power. In G. Lindzey & E. Aronson (Eds.), *The handbook of social psychology*. 3rd ed. New York: Oxford University Press.

Hutchins, E. (1991). The social organization of distributed cognition. In L. B. Resnick, J. M. Levine & S. D.Teasley (Eds.), *Perspectives on socially shared cognition*. Washington, DC, US: American Psychological Association. pp. 283-307.

Iacoboni, M. (2008). *Mirroring people: The new science of how we connect with others*. New York: Farrar, Straus and Girous. 塩原通緒（訳）（2009）．ミラーニューロンの発見—「物まね細胞」が明かす驚きの脳科学　早川書房

Isenberg, D. J. (1986). Group polarization: A critical review and meta-analysis. *Journal of Personality and Social Psychology*, **50** (6), 1141-1151.

Janis, I. L. (1972). *Victims of groupthink: A psychological study of foreign policy dicisions and fiascoes*. Boston: Houghton Mifflin.

Kameda, T., Ohtsubo, Y., & Takezawa, M. (1997). Centrality in sociocognitive networks and social influence: An illustration in a group decision-making context. *Journal of Personality and Social Psychology*, **73** (2), 296-309. doi: 10.1037/0022-3514.73.2.296

Kelly, C. (1989). Political identity and perceived intragroup homogeneity. *British Journal of Social Psychology*, **28** (3), 289-250.

Kelman, H. C., & Fisher, R. J. (2003). Conflict analysis and resolution. In D. O. Sears, L. Huddy, & R. Jervis

(Eds.), *Oxford handbook of political psychology.* New York: Oxford University Press. pp. 315-353.

Kelman, H. C., & Hovland, C. I. (1953). "Reinstatement" of the communicator in delayed measurement of opinion change. *The Journal of Abnormal and Social Psychology,* **48** (3), 327-335. doi: 10.1037/h0061861

Kerr, N. L., Davis, J. H., Meek, D., & Rissman,K. (1975). Group position as a function of member attitudes: Choice shift effects from the perspective of social dicision scheme theory. *Journal of Personality and Social Psychology,* **31** (3), 574-593.

Kerr, N. L., MacCoun, R. J., & Kramer, G. P. (1996). Bias in judgment: Comparing individuals and groups. *Psychological Review,* **103** (4), 687-719. doi: 10.1037/0033-295x.103.4.687

Kipling, D. W., Christopher, K. T. C., & Wilma, C. (2000). Cyberostracism: Effects of being ignored over the Interner. *Journal of Personality and Social Psychology,* **79** (5), 748-762.

Korman, A. K. (1966). "CONSIDERATION," "INITIATING STRUCTURE," and organizational criteria: A review. *Personnel Psychology,* **19** (4), 349-361.

釘原直樹 (2011). グループダイナミックス―集団と群衆の心理学　有斐閣

Lamm, H. (1973). Intragroup effects on intergroup negotiation. *European Journal of Social Psychology,* **3** (2), 179-192.

Lamm, H., & Myers, D.G. (1978). Group-induced polarization of attitudes and behavior. *Advances in Experimental Social Psychology,* **11**, 145-195.

Larson, J. R. Jr., Foster-Fishman, P. G., & Keys, C. B. (1994). Discussion of shared and unshared information in ddecision-making groups. *Journal of Personality and Social Psychology,* **67** (3), 446-461.

Larson, L. L., Hunt, J. G., & Osborn, R. N. (1976). The great Hi-Hi leader behavior myth: A lesson from Occam's razor. *Academy of Manegement Journal,* **19**, 628-641.

Latané, B., Nowak, A., & Liu, J. H. (1994). Measuring emergent social phenomena: Dynamism, polarization, and clustering as order parameters of social systems. *Behavioral Science,* **39** (1), 1-24.

Laughlin, P. R., & Earley, P. C. (1982). Social combination models, persuasive arguments theory, social comparison theory, and choice shift. *Journal of Personality and Social Psychology,* **42** (2), 273-280.

Laughlin, P. R., & Ellis, A. L. (1986). Demonstrability and social combination processes on mathematical intellective tasks. *Journal of Experimental Social Psychology,* **22** (3), 177-189.

Laughlin, P. R., Hatch, E. C., Silver, J. S., & Boh, L. (2006). Groups perform better than the best individuals on letters-to-numbers problems: Effects of group size. *Journal of Personality and Social Psychology,* **90** (4), 644-651. doi: 10.1037/0022-3514.90.4.644

Lepper, M. R., & Whitmore, P. C. (2000). 協同―社会心理学的視点から「協同の知を探る」　植田一博・岡田　猛（編著）　協同の知を探る　共立出版　pp.2-7.

Lim, R., & Carnevale, P. J. (1990). Contingencies in mediation of disputes. *Journal of Personality and Social Psychology,* **58**, 259-272.

Liu, J. H., & Latané, B. (1998). Extremitization of attitudes: Does thought- and discussion-induced polarization cumulate?. *Basic and Applied Social Psychology,* **20** (2), 103-110. doi: 10.1207/s15324834basp2002_2

Lowin, A., Hrapchak, W. J., & Kavanagh, M. J. (1969). Consideration and initiating structure: An experimental investigation of leadership traits. *Administrative Science Quarterly,* **14** (2), 238-253.

Lwin, M., & Hirose, Y. (1997). The effect of intra- and intergroup leadership on group goal attainment in a north-south gaming simulation. *Japanese Psychological Research,* **39**, 109-118.

Mackie, D. (1987). Systematic and nonsystematic processing of majority and minority persuasive communications. *Journal of Personality and Social Psychology,* **53**, 41-52.

Mackie, D., & Cooper, J. (1984). Attitude polarization: Effects of group membership. *Journal of Personality and Social Psychology,* **46**, 575-585.

Mackie, D. M. (1986). Social identification effects in group polarization. *Journal of Personarity and Social Psychology,* **50** (4), 720-728.

Matheson, K., & Zanna, M. P. (1988). The impact of computer-mediated communication on self-awareness. *Computers in Human Behavior,* **4**, 221-233.

Mathieu, J. E., Heffner, T. S., Goodwin, G. F., Salas, E., & Cannon-Bowers, J. A. (2000). The influence of shared mental models on team process and performance. *Journal of Applied Psychology,* **85** (2), 273-283. doi: 10.1037/0021-9010.85.2.273

McCauley, C., & Kramer, L. (1972). Strategy differences between group and individual gambling. *Journal of Experimental Social Psychology,* **8** (6), 518-527.

McGarty, C., Turner, J. C., Hogg, M. A., David, B., & Wetherell, M. S. (1992). Group polarization as conformity to the prototypical group member. *British Journal of Social Psychology,* **31** (1), 1-19.

Miller, D. T., & Nelson, L. D. (2002). Seeing approach motivation in the avoidance behavior of others: Implications for an understanding of pluralistic ignorance. *Journal of Personality and Social Psychology,* **83** (5), 1066-1075. doi: 10.1037/0022-3514.83.5.1066

三隅二不二 (1984). リーダーシップ行動の科学　有斐閣

Mohammed, S., & Dumville, B. C. (2001). Team mental models in a team knowledge framework: Expanding theory and measurement across disciplinary boundaries. *Journal of Organizational Behavior,* **22** (2), 89-106.

Moscovici, S. (1976). *Social influence and social change.* London: Academic Press.

Moscovici, S. (2001). *Social representations.* New York: New York University Press.

Moscovici, S., & Doise, W. (1994). *Conflict & consensus: A general theory of collective decision.* London: SAGE.

Moscovici, S., Lage,E. & Naffrechoux, M. (1969). Influence of a consistent minority on the responses of a majority in a colour perception task. *Sociometry,* **32**, 365-379.

Moscovici, S., Mucchi-Faina, A., & Maass, A. (Eds.). (1994). *Minority influence.* Chicago, IL: Nelson-Hall.

Moscovici, S., Mugny, G., & Van Avermaet, E. (1985). *Perspectives on minority influence.* Cambridge; New York: University Press.

Moscovici, S., & Zavalloni, M. (1969). The group as a polarizer of attitudes. *Journal of Personality and Social Psychology,* **12** (2), 125-135.

Mugny, G. (1979). A rejoinder to paicheler: The influence of reactionary minorities. *European Journal of Social Psychology,* **9** (2), 223-225.

Mullen, B., & Li-tze, H. (1989). Perceptions of ingroup and outgroup variability: A meta-analytic integration. *Basic and Applied Social Psychology,* **10** (3), 233-252.

Myers, D. G. (1975). Discussion-induced attitude polarization. *Human-Relations,* **28** (8), 699-714.

Myers, D. G., & Bach, P. J. (1974). Discussion effects on militarism-pacifism: A test of the group polarization hypothesis. *Journal of Personality and Social Psychology,* **30** (6), 741-747.

Myers, D. G., Wojcicki, S. B., & Aardema, B. S. (1977). Attitude comparison: Is there ever a bandwagon effect? *Journal of Applied Social Psychology,* **7** (4), 341-347.

Nemeth, C. (1985). Dissent, group processes, and creativity: The contribution of minority influence. In E. Lawler (Ed.), *Advances in group processes*. Greenwich: JAI Press. pp.57-75.

Neumann, R., & Strack, F. (2000). "Mood contagion": The automatic transfer of mood between persons. *Journal of Personality and Social Psychology,* **79** (2), 211-223. doi: 10.1037/0022-3514.79.2.211

Noelle-Neumann, E. (1991). The theory of public opinion: The concept of the spiral of silence. In J. A. Anderson (Ed.). *Communication yearbook/***14**. Thousand Oaks, CA, US: Sage Publications. pp. 256-308.

Norretranders, T. (1998).*The user illusion: Cutting consciousness down to size.* Allen Lane Science. 柴田裕之 (訳) (2002). ユーザーイリュージョン―意識という幻想　紀伊國屋書店

Oakes, P. J., Turner, J. C., & Haslam, A. (1991). Perceiving people as group members: The role of fit in the salience of social categorization. *British Journal of Social Psychology,* **30**, 125-144.

Oakes, P. J., Haslam, S. A., & Turner, J. C. (1998). The role of prototypicality in group influence and cohesion: Contextual variation in the graded structure of social categories. In S.Worchel, J. F. Morales, et al. (Eds.), *Social identity: International perspectives*. London: Sage Publications. pp. 75-92.

Ohtsubo, Y., Miller, C. E., Hayashi, N., & Masuchi, A. (2004). Effects of group decision rules on decisions involving continuous alternatives: The unanimity rule and extreme decisions in mock civil juries. *Journal of Experimental Social Psychology,* **40** (3), 320-331. doi: 10.1016/j.jesp.2003.07.005

Page, S. E. (2007). *The difference: How the power of diversity creates better groups, firms, schools, and societies*. Princeton University Press.　水谷　淳（訳）(2009). 多様な意見はなぜ正しいのか―衆愚が集合知に変わるとき　日経BP社

Page, S. E. (2011). *Diversity and complexity*: Princeton University E-BOOK.

Paicheler, G. (1976). Norms and attitude change I: Polarization and styles of behavior. *European Journal of Social Psychology,* **6** (4), 405-427.

Petty, R. E., Tormala, Z. L., Briñol, P., & Jarvis, W.B.G. (2006). Implicit ambivalence from attitude change: An exploration of the PAST model. *Journal of Personality and Social Psychology,* **90** (1), 21-41. doi: 10.1037/0022-3514.90.1.21

Phillips, J. S., & Lord, R. G. (1981). Causal attributions and perceptions of leadership. *Organizational Behavior and Human Decision Processes,* **28** (2), 143-163.

Postmes, T., Spears, R., & Cihangir, S. (2001). Quality of decision making and group norms. *Journal of Personality and Social Psychology,* **80** (6), 918-930. doi: 10.1037/0022-3514.80.6.918

Postmes, T., Spears, R., Lee, A. T., & Novak, R. J. (2005). Individuality and social influence in groups: Inductive and deductive routes to group identity. *Journal of Personality and Social Psychology,* **89** (5), 747-763. doi: 10.1037/0022-3514.89.5.747

Prentice-Dunn, S., & Rogers, R. W. (1989). Deindividuation and the self-regulation of behavior. In P. B. Paulus

(Ed.), *Psychology of group influence* 2nd ed. Hillsdale, NJ: Lawrence Erlbaum Associates. pp. 87-109.

Priester, J. R., & Petty, R. E.（2001）. Extending the bases of subjective attitudinal ambivalence: Interpersonal and intrapersonal antecedents of evaluative tension. *Journal of Personality and Social Psychology,* **80**（1）, 19-34. doi: 10.1037/0022-3514.80.1.19

Pruitt, D. G., & Carnevale, P. J.（1993）. *Negotiation in social conflict.* Buckingham: Open University Press.

Rabbie, J. M., & Bekkers, F.（1978）. Threatened leadership and intergroup competition. *European Journal of Social Psychology,* **8**, 9-20.

Rabbie, J. M., & Willkens, G.（1971）. Intergroup competition and its effect in intragroup and intergroup relations. *European Journal of Social Psychology,* **1**, 215-234.

Reid, F. J. M., Ball, L. J., Morley, A. M., & Evans, J. B. T.（1997）. Styles of group discussion in computer-mediated decision making. *British Journal of Social Psychology,* **36**（3）, 241-262.

Resnick, L. B.（1991）. Shared cognition: Thinking as social practice. In L. Resnick, J. Levine, & S. Teasley. *Perspectives on socially shared cognition.* Washington, DC: American Psychological Association. pp. 1-20.

Roccas, S., Klar, Y., & Liviatan, I.（2006）. The paradox of group-based guilt: Modes of national identification, conflict vehemence, and reactions to the in-group's moral violations. *Journal of Personality and Social Psychology,* **91**（4）, 698-711. doi: 10.1037/0022-3514.91.4.698

Roediger, H. L., & McDermott, K. B.（1995）. Creating false memories: Remembering words not presented in lists. *Journal of Experimental Psychology: Learning, Memory, and Cognition,* **21**（4）, 803-814.

Ross, L., Greene, D., & House, P.（1977）. The false consensus effect: An egocentric bias in social perception and attribution processes. *Journal of Experimental Social Psychology,* **13**（3）, 279-301. doi: 10.1016/0022-1031（77）90049-x

Ruscher, J. B., Santuzzi, A. M., & Hammer, E. Y.（2003）. Shared impression formation in the cognitively interdependent dyad. *British Journal of Social Psychology,* **42**（3）, 411-425.

Sandel, M. S.（2005）. *Public philosophy: Essays on morality in politics.* Harvard University Press. 鬼澤　忍（訳）（2011）. 公共哲学—政治における道徳を考える　筑摩書房

Sargis, E. G., & Larson, J. R., Jr.（2002）. Informational centrality and member participation during group decision making. *Group Processes and Intergroup Relations,* **5**（4）, 333-347. doi: 10.1177/1368430202005004005

Schittekatte, M.（1996）. Facilitating information exchange in small decision-making groups. *European Journal of Social Psychology,* **26**（4）, 537-556.

Schriesheim, C. A., House, R. J., & Kerr, S.（1976）. Leader initiating structure: A reconciliation of discrepant research results and some empirical tests. *Organizational Behavior and Human Decision Processes,* **15**（2）, 297-321.

Schuelke, M. J., Day, E. A., McEntire, L. E., Boatman, P. R., Boatman, J. E., Kowollik, V., & Wang, X.（2009）. Relating indices of knowledge structure coherence and accuracy to skill-based performance: Is there utility in using a combination of indices?. *Journal of Applied Psychology,* **94**（4）, 1076-1085. doi: 10.1037/a0015113

Schulz-Hardt, S., Brodbeck, F. C., Mojzisch, A., Kerschreiter, R., & Frey, D.（2006）. Group decision making in hidden profile situations: Dissent as a facilitator for decision quality. *Journal of Personality and Social*

Psychology, 91 (6), 1080-1093. doi: 10.1037/0022-3514.91.6.1080

Schulz-Hardt, S., Dieter, F., Carsten, L., & Moscovici, S. (2000). Biased information search in group decision making. *Journal of Personality and Social Psychology,* 78 (4), 655-669.

Schulz-Hardt, S., Jochims, M., & Frey, D. (2002). Productive conflict in group decision making: Genuine and contrived dissent as strategies to counteract biased information seeking. *Organizational Behavior and Human Decision Processes,* 88 (2), 563-586. doi: 10.1016/s0749-5978 (02) 00001-8

Schwartz, D. L. (1995). The emergence of abstract representations in dyad problem solving. *Journal of the Learning Sciences,* 4 (3), 321-354. doi: 10.1207/s15327809jls0403_3

Semin, G. R. (1989). The contribution of linguistic factors to attribute inferences and semantic similarity judgements. *European Journal of Social Psychology,* 19 (2), 85-100. doi: 10.1002/ejsp.2420190202

Sherif, M. (1936). *The psychology of social norms.* New York: Harper (Harper Torchbook edn, 1966).

Sherif, M. (1965). Experiments in group conflict. *Scientific American,* 195.

Sherif, M., Harvey, O. J., White, B. J., Hood, W. R., & Sherif, C. W. (1961). *Intergroup conflict and cooperation: The Robber's Cave experiment.* Norman, OK: University of Oklahoma Press.

Siegel, J., Dubrovsky, V., Kiesler, S., & McGuire, T. W. (1986). Group processes in computer-mediated communication. *Organizational Behavior and Human Decision Processes,* 37 (2), 157-187. doi: 10.1016/0749-5978 (86) 90050-6

Smith, C. M., Dykema-Engblade, A., Walker, A., Niven, T. S., & McGough, T. (2000). Asymmetrical social influence in freely interacting groups discussing the death penalty: A shared representations interpretation. *Group Processes and Intergroup Relations,* 3 (4), 387-401.

Spears, R., Lea, M., & Lee, S. (1990). De-individuation and group polarization in computer-mediated communication. *British Journal of Social Psychology,* 29 (2), 121-134.

Sperber, D. (1996). *Explaining culture: A naturalistic approach.* Blackwell. 菅野盾樹（訳）(2001). 表象は感染する―文化への自然主義的アプローチ　新曜社

Stahl, G. (2006). *Group cognition: Computer support for building collaborative knowledge.* Cambridge, MA: MIT Press.

Stasser, G., & Birchmeier, Z. (2003). Group creativity and collective choice. In P. B. Paulus & B. A. Nijstad (Eds.), *Group creativity: Innovation through collaboration.* New York: Oxford University Press. pp. 85-109.

Stasser, G., & Stewart, D. (1992). Discovery of hidden profiles by decision-making groups: Solving a problem versus making a judgment. *Journal of Personality and Social Psychology,* 63 (3), 426-434.

Stasser, G., & Titus, W. (1985). Pooling of unshared information in group decision making: Biased information sampling during discussion. *Journal of Personality and Social Psychology,* 48 (6), 1467-1478.

Stasson, M. F., & Davis, J. H. (1989). The relative effects of the number of arguments, number of argument sources and number of opinion positions in group-mediated opinion change. *British Journal of Social Psychology,* 28, 251-262.

Stephenson, G., & Brotherton, C. J. (1975). Social progression and polarization: A study of discussion and negotiation in groups of mining supervisors. *British Journal of Social and Clinical Psychology,* 14, 241-252.

Stewart, D. D., & Stasser, G. (1995). Expert role assignment and information sampling during collective recall and decision making. *Journal of Personality and Social Psychology,* **69** (4), 619-628. doi: 10.1037/0022-3514.69.4.619

Stogdill, R. M., & Coons, A. E. (Eds.). (1957). *Leader behavior: Its description and measurement.* Columbus, Ohio: Bureau of Business Research.

Stoner, J. A. (1968). Risky and cautious shifts in group decisions: The influence of widely held values. *Journal of Experimental Social Psychology,* **4** (4), 442-459.

Surowiecki, J. (2004). *The wisdom of crowds: Why the many are smarter than the few and how collective wisdom shapes business, economies, societies and nations.* Doubleday. 小高尚子 (訳) (2006).「みんなの意見」は案外正しい 角川書店

Tajfel, H., Billig, M. G., Bundy, R. P., & Flament, C. (1971). Social categorization and intergroup behaviour. *European Journal of Social Psychology,* **1** (2), 149-178.

Tajfel, H., & Turner, J.C. (1979). An integrative theory of social conflict. In W. G. Austin & S. Worchel (Eds.), *The social psychology of intergroup relations.* 2nd ed. (1985). Chicago: Nelson Hall. pp.7-24.

Thompson, L., & Fine, G. A. (1999). Socially shared cognition, affect, and behavior: A review and integration. *Personality and Social Psychology Review,* **3** (4), 278-302.

Tindale, R. S., Davis, J. H., Vollrath, D. A., Nagao, D. H., & Hinsz, V. B. (1990). Asymmetrical social influence in freely interacting groups: A test of three models. *Journal of Personality and Social Psychology,* **58** (3), 438-449.

Tindale, R. S., Meisenhelder, H. M., Dykema-Engblade, A. A., & Hogg, M. A. (2001). Shared cognition in small groups. In M. A. Hogg & R. S. Tindale (Eds.), *Group processes.* Oxford: Blackwell Publishers. pp. 1-30.

Turner, J. C., Hogg, M. A., Oakes, P. J., Reicher, S. D. & Wetherell, M. S. (1987). *Rediscovering the social group: A self-categorization theory.* Oxford: Blackwell.

Turner, J. C., Wetherell, M. S., & Hogg, M. A. (1989). Referent informational influence and group polarization. *British Journal of Social Psychological Society,* **28**, 135-147.

Turner, M. E., Pratkanis, A. R., Probasco, P., & Leve, C. (1992). Threat, cohesion, and group effectiveness: Testing a social identity maintenance perspective on groupthink. *Journal of Personality and Social Psychology,* **63** (5), 781-796. doi: 10.1037/0022-3514.63.5.781

Tyler, T. R., Boeckmann, R. J., Smith, H. J., & Huo, Y. J. (1997). *Social justice in a diverse society.* Westview Press. 大渕憲一・菅原郁夫 (監訳) (2000). 多元社会における正義と公正 ブレーン出版

浦 光博 (2009). 排斥と受容の行動科学 サイエンス社

Van de Vliert, E., & Euwema, M. C. (1994). Agreeableness and activeness as components of conflict behaviors. *Journal of Personality and Social Psychology,* **66**, 647-687.

van Knippenberg, D., De Dreu, C. K. W., & Homan, A. C. (2004). Work group diversity and group performance: An integrative model and research agenda. *Journal of Applied Psychology,* **89** (6), 1008-1022. doi: 10.1037/0021-9010.89.6.1008

van Knippenberg, D., & Schippers, M. C. (2007). Work group diversity. *Annual Review of Psychology,* **58**, 515-541. doi: 10.1146/annurev.psych.58.110405.085546

van Knippenberg, D., & Wilke, H. (1992). Prototypicality of argumrnts and conformity to ingroup norms. *European Jounal of Social Psychology,* **22**, 141-155.

Van Rooy, D., Van Overwalle, F., Vanhoomissen, T., Labiouse, C., & French, R. (2003). A recurrent connectionist model of group biases. *Psychological Review*, **110** (3), 536-563. doi: 10.1037/0033-295x.110.3.536

Vinokur, A., & Burnstein, E. (1978). Depolarization of attitudes in groups. *Journal of Personality and Social Psychology*, **36** (8), 872-885.

Visser, P. S., & Mirabile, R. R. (2004). Attitudes in the social context: The impact of social network composition on individual-level attitude strength. *Journal of Personality and Social Psychology*, **87** (6), 779-795. doi: 10.1037/0022-3514.87.6.779

Wallach, M. A., Kogan, N., & Bem, D. J. (1962). Group influence on individual risk taking. *Journal of Abnormal and Social Psychology*, **65** (2), 75-86.

Watts, D. J. (2011). *Everything is obvious: Once you know the answer*. Crown Business. 青木　創（訳）（2012）. 偶然の科学　早川書房

Wegner, D. M. (1995). A computer network model of human transactive memory. *Social Cognition*, **13** (3), 319-339.

Weinberger, D. (2007). *Everything is miscellaneous: The power of the new digital disorder*. Times Books. 柏野零（訳）（2008）. インターネットはいかに知の秩序を変えるか？―デジタルの無秩序がもつ力　エナジクス

Weissenberg, P., & Kavanagh, M. J. (1972). The independence of initiating structure and consideration: A review of the evidence. *Personnel Psychology*, **25** (1), 119-130.

Weldon, M. S., & Bellinger, K. D. (1997). Collective memory: Collaborative and individual processes in remembering. *Journal of Experimental Psychology: Learning, Memory, and Cognition.*, **23** (5), 1160-1175.

Weldon, M. S., Blair, C., & Huebsch, P. D. (2000). Group remembering: Does social loafing underlie collaborative inhibition? *Journal of Experimental Psychology: Learning, Memory, and Cognition.*, **26** (6), 1568-1577.

Wilder, D. A. (1984). Predictions of belief homogeneity and similarity following social categorization. *British Journal of Social Psychology*, **23**, 323-333.

Winquist, K. R., & Larson, Jr. J. R. (1998). Information pooling: When it impacts group decision making. *Journal of Personality and Social Psychology*, **74** (2), 371-377.

Wittenbrink, B., & Schwarz, N. (2007). Introduction. In B.Wittenbrink & N. Schwarz (Eds.), *Implicit measures of attitudes*. New York: Guilford Press.

山田淑子（1986）. リーダーシップにおけるP型行動とM型行動との交互効果に関する研究―打叩回数と標的検出率を中心として　心理学研究, **57**, 193-199.

山口裕幸（2008）. チームワークの心理学　Vol. 24　サイエンス社.

Zuber, J. A., Crott, H. W. & Werner, J. (1992). Choice shift and group polarization: An analysis of the status of arguments and social decision schemes. *Journal of Personality and Social Psychology*, **62** (1), 50-61.

索引

あ
ＩＡＴ（Implicit Association Test） 83
アイゼンバーグ（Isenberg, D. J.） 20
アクセルロッド（Axelrod, R.） 167
アッシュ（Asch, S. E.） 14
アッシュの同調実験 14, 23
圧力Ｐ 108

い
イアコボーニ（Iacoboni, M.） 141
意見分布の認知 60

う
ヴィノカー（Vinokur, A.） 72
ウェグナー（Wegner, D. M.） 42
ウォーム・コミュニケーション 82
ウォラック（Wallach, M. A.） 10

え
エアーズ（Ayres, I.） 47
エイブラムス（Abrams, D.） 28, 92
ＳＮＳ（社会ネットワークサービス） 132, 136
ＦＴＦ（Face to Face Communication） 132
ＬＢＤＱ尺度 108

か
下位集団 17
外集団 90
外集団差別行動 91
隠されたプロフィール 44
課題遂行次元 108
課題表象 45
活性化拡散仮説 49
カテゴリー化の効果 28
カテゴリー認知 92

ガルシア-マルケス（Garcia-Marques, L.） 85
観点 54

き
規範的影響力 14
ギャムソン（Gamson, W. A.） 119
競争と協同 120
協調学習 56
強調化と希薄化の過程 48
協同行為 66
協同抑制（collaborative inihibition） 42
共有情報 44
共有知識効果 44
共有知識構造 4, 6, 32, 54
共有メンタルモデル 57
虚記憶（false memory） 49
極化現象（Polarization） 71

く
クラーク（Clark, N. K.） 41
グライトメーヤー（Greitemeyer, T.） 82
グループシンク 1

け
計画Ｐ 108
ゲーム理論 167
顕在的コンフリクト 73, 123

こ
合意の誤認 125
コーシャスシフト 11

さ
差異化（distinctiveness） 95
最小限集団実験 91
最適顕現性理論 95
サンデル（Sandel, M. S.） 162

し

CMC（Computer Mediated Communication） 132
シーゲル（Siegel, J.） 132
CDQ（選択ジレンマ課題） 10
シェリフ（Sherif, M.） 15, 121
シェリフの同調実験 15
自己カテゴリー化理論 26, 92
自己照合効果 52
時代精神効果 46
自動過程 38
社会的アイデンティティ 90
社会的影響過程 13
社会的共有認知 40
社会的決定スキーマ理論 25
社会的現実性 32
社会的比較仮説 19
社会的比較動因 93
社会的比較理論 93
社会的表象 32
ジャニス（Janis, I. L.） 1
シュヴァルツ（Schwartz, D. L.） 56
集合知 145
集団維持次元 108
集団間コンフリクト 119
集団記憶 41
集団極化現象 3, 9, 12, 16
集団のカテゴリー 93
主観的妥当性 32
シュトラッサー（Stasser, G.） 67
シュリースハイム（Schriesheim, C. A.） 109
準拠情報の影響力（referent informational influence） 26, 93
上位集団 17
少数者の影響過程 21
情動感染 141
情報サンプリング理論 44
情報的影響仮説 18
情報的影響力 15
初期平均値傾向 17

す

スケールフリーネットワークモデル 142
ステレオタイプ 90
ステレオタイプ認知 89
ストーナー（Stoner, J. A.） 10
スピアーズ（Spears, R.） 133
スミス（Smith, C. A.） 46
スモールワールドネットワーク 142
スリーパー効果 22
スロウィッキー（Surowiecki, J.） 145

せ

潜在的コンフリクト 73, 123
潜在的態度 84
潜在連合テスト（IAT） 56

そ

相互依存性 91
創造性 66

た

ターナー（Turner, J. C.） 26, 92
ダイアモンド（Diamond, J.） 2
タイフェル（Tajfel, H.） 91
タイラー（Tyler, T. R.） 122
多数決ルール 25
多様性 146
多様性予測定理 146
ダンカン（Duncan, J.） 37

ち

チーム研究 57
チェマーズ（Chemers, M. M.） 107
知的課題 45

つ

Truth-Win 46

て

デイビス（Davis, J. H.） 25

ティンデール（Tindale, R. S.）　46
デ・ドルー（De Dreu, C. K. W.）　147

と

ドイチュ（Deutsch, M.）　120
同一化（inclusiveness）　95
同期コミュニケーション　132
同調行動　13
匿名性　134
トランザクショナルメモリー　42
ドワーズ（Doise, W.）　82

な

内集団　90
内集団均質化効果　96
内集団ひいき　91

に

2過程モデル　24
認知的囲い地　38
認知的チューニング　39
認知的流暢性　84

は

ハッチンズ（Hutchins, E.）　43, 57
バラバシ（Barabási, A. L.）　142
反極化現象（Depolarization）　72
判断課題　45

ひ

PM研究　108
非共有情報　44
非合意集団　68
非同期コミュニケーション　132
ヒンツ（Hinsz, V. B.）　48, 72

ふ

フィードラー（Fiedler, F. E.）　109
フィリップス（Phillips, J. S.）　114
フィンレイ（Finlay, F.）　42
フェスティンガー（Festinger, L.）　32, 93

フッサール（Fussell, S. R.）　37
ブリューワー（Brewer, M. B.）　94
フレーミング効果　132
プロトタイプ　112
プロトタイプ位置　27
プロトタイプ度　27
文脈　54

へ

ペイジ（Page, S. E.）　146, 149, 167
平準化現象（Normalization）　72
ベールズ（Bales, R. F.）　109
ペシュレ（Paicheler, G.）　73
ペティ（Petty, R. E.）　84

ほ

母集団　17
ホッグ（Hogg, M. A.）　114

ま

マイヤーズ（Myers, D. G.）　26
マグニー（Mugny, G.）　73

め

メタ・コントラスト比率（MCR）　27
メタ認知　44
メンタルモデル　43

も

模擬社会ゲーム　117
モスコヴィッシ（Moscovici, S.）　12, 22, 32, 82

ゆ

宥恕効果　46

ら

ラーソン（Larson, J. R. Jr.）　110
ラタネ（Latané, B.）　26
ラビー（Rabbie, J. M.）　122

ラム（Lamm, H.）　10, 16

り

リーダーシップ　107
リスキーシフト現象　10
両極化現象（Bipolarization）　72

れ

レヴィン（Lewin, K.）　13
レッパー（Lepper, M. R.）　66

ろ

ローウィン（Lowin, A.）　109
ローカル・マジョリティ　23
ローリン（Laughlin, P. R.）　46

わ

ワッツ（Watts, D. J.）　142

●● あとがき

　ここまで，手持ちのデータから大胆な「推測」を重ねて集団極化現象を巡る物語を語ってきました。ここでは，結びにかえてさらに大胆な「空想」を補ってお話しを完成させてみます。
　本書で述べた仮説の中でも重要と考えているのは，次の2点です。
　第1の仮説は，広く共有された知識ほど広範囲に影響することです。当たりまえのことのようですが，それが明確に意識されないまま集団の中で社会的影響力として作用するところが重要です。対立軸が広く共有された社会には両極端の間を振り子のように振れる動きが現れます。その流れに沿うポジションにいた人々からリーダーが出現しやすくなることが予想されます。私たちに認識されなくても影響を及ぼせるようなものであるのなら，共有知識構造にはある種の実在性があることになります。しかし，これは心理学の観点からは受け入れがたい仮定でもあります。いかにして個人の認知から離れて知識は実在しうるのでしょうか。
　考え方としては，表象レベルにも自己組織化によるパターンが創発しているのではないかと想像しています。脳の神経ネットワークを，全体のネットワークに組み込まれた局部ネットワークと考えれば，自己が全体の表象の流れを創発する能動的な主体であり，かつ，全体の流れに従う受動的な客体であるという，裏表の構造を仮定することができます。これが本書の「語られぬ言葉」として背後に存在していた，暗黙の第2の仮説です。
　神経系-コミュニケーションネットワークに自律的なパターンが存在するとすれば，私たちの自由意志は存在するのでしょうか。神経系ネットワークでさえも，自由意志があるのか危ぶまれていますが，少なくとも無意識から起動した意志をキャンセルすることは可能とされています。共有知識構造の中で自由意志を確保する方法は，「話し合わないこと」という悲しい結論になるのかもしれません。しかし，話し合う弊害よりも話し合えない弊害の方が大きいと考える方が現実的です。
　日本の政治状況も社会構造もなかなか変化しない理由は，「話し合わない」

暗黙の規範が共有されているからです。たとえば，日本の「女性の地位」は，アジア諸国の中でも最下位クラスです。日本の女性は，男性を交えてこの問題を話し合うようなことはしません。だからといって，地位の高い男性が自由に話し合っているわけでもなさそうです。会議でうっかり発言すると「根回し文化における情報弱者」であることがばれてしまうからでしょうか。言葉に出して話し合わない限り，共有知識構造を変化させることはできません。

　変わらない日本。これは，相手の気持ちを察して問題を指摘しないという，心優しき日本人が抱える弱点なのでしょう。変わらぬ日本を変えるため，日本の政治家にも，情報を開示し熟議を尽くす姿勢が見られるようになってきましたが，話し合いがはじまると，今度は分断されたグループ間にコンフリクトが起こり，細かいこと1つ決めるのにも，おそろしく労力がかかることになります。これだけ知識が蓄積された社会の知的な人々が，なぜ，地球温暖化もバブルも解決できないのでしょうか。おそらく，世界が1つに結ばれ，その中で日々新しい意味が生み出されている今日，多様な人々が共通した認識のもとでコミュニケーションを行うのには限界が近づいているのでしょう。

　あまりの決まらなさに，「独裁」が必要という言葉も聞かれます。スピーディな決断を行って成功している組織に，しばしば独裁的なリーダーシップが見られることを考えれば，それもわからないではありませんが，それで成功するのは，成功の基準が明確な課題に短期的に取り組む場合です。長期的で複雑な課題には，どうしても多様な視点が必要となります。強力なリーダーシップのもとに，多様な人々が分断されずに一致したときには，単純な共有部分で理解し合える言葉の影響力が高まり，私たちは自由意志を失った要素として流されていくことになります。

　話し合う民主主義の限界が意識されるようになった結果，独立した個人の判断を集積する集合知技術への期待が高まってきました。集合知は，長期予測の精度を高めるためにインプットする要因を最大限にしてくれる働きがありますので，今後，民主主義を支えるツールとなるでしょう。しかし，集合知が正解に近づくためには評価軸を共有する必要があります。私自身は，評価軸を共有する共通善よりも自由選択を尊重したい人間です。評価軸を共有することの弊害は，貨幣にもっともよく現れています。

交換財は自由選択社会の基盤です．問題は，貨幣が単なる交換財ではなく成功の表象として共有されていることです．投資ファンドなどに支払われているとされる報酬額を見れば，それはもはや貨幣ではなく，「成功の象徴」として極端化した表象にすぎないことがわかります．周期変動ができない評価軸が共有されると，他者との差異化のために，スケールそのものがべき則的に増大するのかもしれません．

　共有知識構造が作り出す流れに自由意志を持って立ち向かうには，私たち1人ひとりが複雑な知識構造を備えるしかありません．共有知識構造の流れの中では，複雑で可変性の高い知識構造が自由意志の基盤となるでしょう．努力を強要して達成させるのではなく，それを自然に涵養させてくれる学習システムが必要です．

　現在，ゲーミニフィケーションという概念が注目されています．現実世界はゲームバランスが崩れた「無理ゲー」である．この考え方の裏には，これだけ不公平になってしまったシステムのもとでは，お金を目的に働いても意味がない，という直感があります．おそらく，ベーシックインカムのような制度を作ったうえで，お金以外のところに働く喜びが得られる社会システムに変えていくしかないのかもしれません．

　では，何をインセンティブとして人間は生きていけるのかと考えると，創造性，そして，世界に対する好奇心ではなかろうかと考えています．世界を認識する範囲が広がっていく喜びは，私たちが笑うのと同じように，自然なものです．研究者たちは，「私たちが知っているのは，世界を理解するための方法であり，本当のところはわかっていないのです」と告白するべきなのでしょう．意識とは何なのかという，もっとも根源的なことからして，本当のところはわかっていません．科学のゲームルールは日々更新されていますが，万人に開かれたフェアであるべきものです．創造し理解する喜びがインセンティブとなり，すべての人がそこに参加する社会になれば，私たちはどんな未来に出会えるでしょうか．

　最後に，関係者各位に御礼の言葉を述べさせていただきます．
　本書は，私の博士論文をベースとしています．論文の主査を引き受けてくだ

さった大坊郁夫先生と，私の話に辛抱強くつきあってくださった釘原直樹先生に感謝いたします。そして，出版助成金を出してくださった京都学園大学の関係者各位，出版を引き受けてくださった北大路書房に，厚く御礼を申し上げます。

　本書を書く本当のきっかけは，橋口捷久先生の心理学実験実習でリスキーシフトの実験を経験したことです。その頃はまだ専攻分野を決めていなかったのですが，答えのない謎にわくわくしたものです。リスキーシフト実験をきっかけに社会心理学研究室に進み，今は亡き三隅二不二先生と濱口惠俊先生が，研究者への道を開いてくださいました。

　SIMSOC の研究データの一部は，吉野絹子先生，山岸みどり先生との共同研究で得られたものです。笑いの研究で引用させていただいた研究は，京都学園大学人間文化学部 1 期生の苗村和博君をリーダーとするチームによって行われた卒業論文研究です。いずれもありがとうございました。最後に，私が研究の道を進むことを喜んでくれた父と，自律する精神のお手本となってくれている母に感謝いたします。

2012 年 3 月
有馬　淑子

●● 著者紹介

有馬淑子　（ありま・よしこ）

1958年　大阪生まれ
1984年　大阪大学　人間科学研究科　後期博士課程退学
現　在　京都学園大学　人間文化学部　准教授　博士（大阪大学）
主著・論文
　　「計画的リーダーシップ行動が部下の対人認知に与える影響」心理学研究, 60　1989年
　　「集団交渉におけるリーダーシップ」　広瀬幸雄（編）シミュレーション世界の社会
　　　心理学―ゲームで解く葛藤と共存（所収）　ナカニシヤ出版　1997年
　　「集団極化現象と模擬社会ゲームにおけるコンフリクト―社会的アイデンティティ
　　　と共有認知の形成過程」　大阪大学博士論文　2003年

極端化する社会
―共有知識構造で読み解く集団の心理―

| 2012年4月10日 | 初版第1刷印刷 |
| 2012年4月20日 | 初版第1刷発行 |

定価はカバーに表示
してあります。

著 者　　有 馬 淑 子
発 行 所　　㈱北大路書房
〒603-8303　京都市北区紫野十二坊町12-8
電　話　（075）431-0361㈹
Ｆ Ａ Ｘ　（075）431-9393
振　替　01050-4-2083

© 2012　　制作／T.M.H.　　印刷・製本／創栄図書印刷㈱
検印省略　落丁・乱丁本はお取り替えいたします。
ISBN978-4-7628-2776-1　　Printed in Japan